THE BIG HOUSE アメリカを撮る

THE BIG HOUSE

アメリカを撮る

想田和弘
KAZUHIRO SODA

岩 波 書 店

はじめに

「アメリカに住んでいるのに、なんでいつも日本で映画を撮るんですか？」

そう、聞かれることが多い。

実際、二五年もニューヨークに住んでいるのに、僕がこれまでに作ってきた八本のドキュメンタリー映画は、すべて母国・日本を舞台にしてきた。

我ながら変だと思う。

しかし、ある意味でしかたがないのだ。

というのも、僕は自作を「観察映画」と呼び、事前のリサーチや打ち合わせをせずに、行き当たりばったりでカメラを回すことを方法論の核としてきた。予定調和を排し、映画を作ることによって思わぬ発見をしたいがためだ。

したがって題材を選ぶ際にも、リサーチには頼れない。個人的な出会いや「ご縁」に頼ることになる。

事実、『選挙』(二〇〇七年、観察映画第一弾)は東大時代の同級生・山内和彦がたまたま自民党から選挙に立候補したから撮ったし、『精神』(二〇〇八年、観察映画第二弾)は妻・柏木規与子の母親が精神科診療所「こらーる岡山」とつながりがあったから撮らせていただいた。『Peace』(二〇一〇年、観察映画番外編)は規与子の両親が主人公だし、『演劇1』『演劇2』(二〇一二年、観察映画第三弾・第四弾)は俳優をしている友人が平田オリザ主宰の劇団「青年団」に入団したことがきっかけで始まった。『選挙2』(二〇一三年、観察映画第五弾)は『選挙』の続編だし、『牡蠣《かき》工場《こうば》』(二〇一五年、観察映画第六弾)や『港町』(二〇一八年、観察映画第七弾)は休暇先の牛窓《うしまど》の道端で漁師さんたちと知り合ったことが発端だ。

要は僕が日本で題材を「選んだ」というよりも、「出会ってしまった」という方が正確なのである。

アメリカで撮った初めての観察映画である最新作『ザ・ビッグハウス　THE BIG HOUSE』(二〇一八年、観察映画第八弾)も、例外ではない。ミシガン大学のマーク・ノーネス教授からの藪《やぶ》から棒な誘いに乗って、それまでに見たことも聞いたこともなかったアメリカ最大のアメフト場「ミシガン・スタジアム」(愛称：ビッグハウス)を撮ることになった。しかもミシガン大の大勢の教師や学生たちと一緒に！

僕を含む一七人の映画作家(そのうち一三人は学生)が、テーマ設定をせずにカメラを持ってビッグハウスへ出かけていく。そして興味を持った人々や場面をそれぞれが撮っては、編集する。編集された場面をみんなで観ては批評し、いろんな気づきや発見を得て、また撮影にいく。そうして集まった無数の場面を、僕が編集者として一本につなげて、映画は完成した。その結果、一七人の視点が同居したキュービズムのごとき、ビッグハウスの「画」ができたと思う。

それはそのまま、「アメリカ」の画だ。

なぜならビッグハウスには、人種や階級、格差、宗教、ナショナリズム、ミリタリズム、消費社会など、アメリカ的な問題が詰まっている。大学アメフトが巨大ビジネスとなり、州からの助成金を減らされた〝州立大学〟の経済を支えていることも見えてくる。しかも撮影は奇しくも二〇一六年の秋、ドナルド・トランプとヒラリー・クリントンの大統領選挙の最中に行われたので、アメリカの歴史的な転換期を記録することにもなった。

本書で僕は、映画『ザ・ビッグハウス』を作る過程を記述した。その結果、アメリカという、わかっているようでよくわからない不思議な超大国の素顔を見つめる本になったと思う。「ドキュメンタリー論」としても、「アメリカ論」としても、興味深く読んでいただけるのではないかと自負している。

本書を書く作業は、僕にとっては実に発見の多い旅であり冒険であった。

願わくば、読者のみなさんにとっても、有意義な旅や冒険になりますように。

目　次

カナダ
ワシントン州
モンタナ州
ノースダコタ州
ミネソタ州
オレゴン州
アイダホ州
ワイオミング州
サウスダコタ州
ウィスコンシン州
ミシガン州
アイオワ州
ネブラスカ州
イリノイ州
オハイオ州
ペンシルベニア州
ニューヨーク州
メイン州
バーモント州
ニューハンプシャー州
マサチューセッツ
コネティカット州
ニュージャージー州
デラウェア州
メリーランド州
ワシントンD.C.
ネバダ州
ユタ州
コロラド州
カンザス州
ミズーリ州
インディアナ州
ウェストバージニア州
ケンタッキー州
バージニア州
カリフォルニア州
テネシー州
ノースカロライナ州
オクラホマ州
アーカンソー州
サウスカロライナ州
アリゾナ州
ニューメキシコ州
ミシシッピ州
ジョージア州
アラバマ州
テキサス州
ルイジアナ州
フロリダ州
メキシコ
キューバ
ウィスコンシン州
ミシガン州
トロント
カナダ
ミルウォーキー
デトロイト
アナーバー
シカゴ
クリーブランド
ペンシルベニア州
イリノイ州
インディアナ州
オハイオ州
ピッツバーグ

『ザ・ビッグハウス』

2018年｜米国・日本｜119分｜カラー｜DCP｜ドキュメンタリー｜英題：THE BIG HOUSE

監督・製作・編集◉**想田和弘**
監督・製作◉**マーク・ノーネス，テリー・サリス**
監督◉**ミシガン大学の映画作家たち**
配給◉**東風 + gnome**

ついに想田和弘がアメリカで観察映画を撮った．しかも舞台は，全米最大のアメリカンフットボール・スタジアム，通称“ザ・ビッグハウス”．パブリック・アイビーと称される名門ミシガン大学が誇るウルヴァリンズの本拠地だ．収容人数は10万人以上，地元アナーバー市の総人口に迫る．

想田を含めて17人の映画作家たちが回すカメラが捉えたダイナミックなプレイ，熱狂する観衆，バックヤードで国民的スポーツを支える実に様々な人々……．それらの映像群が，想田の大胆かつ緻密なモンタージュによって，まるで巨大な生命体のように機能するスタジアムの全貌を描き出していく．

それは現代アメリカの縮図でもある．教育とスポーツとビジネスの関係．人種や階級，格差，宗教問題．台頭するナショナリズムやミリタリズム……．アメリカが誇る文化と抱える問題とが，“ザ・ビッグハウス”という小宇宙に浮かび上がる．奇しくも撮影は2016年の秋，ドナルド・トランプ大統領誕生へと至る選挙戦の最中に行われた．

デザイン＝渡辺純

www.thebighouse-movie.com

THE BIG HOUSE
アメリカを撮る

第1章 いきなりミシガンへ

マーク・ノーネス教授からの誘い

いつものことだが、大事なことは、思わぬところから始まるものである。

二〇一三年一二月、ミシガン大学のマーク・ノーネス教授から、一通の英文のメールが舞い込んだ。同大学の招聘《しょうへい》教授として一年間、ミシガン州アナーバー市に滞在し、ドキュメンタリーを教えないかとのお誘いである。

「アナーバーに来ませんか。日本研究センターでは毎年、トヨタをスポンサーに招聘教授を呼んでいて、現在二〇一五年と一六年の候補者を募っています。招聘期間は九月から四月までの八カ月間。授業を一つ受け持ち、公開レクチャーを一回行っていただきます。それ以外は基本的に自由です。何をやっていただいても構いません」

実に藪から棒である。

マークは、ドキュメンタリー映画の専門家だ。日本のドキュメンタリー界の巨匠・小川紳介の研究などで知られている。

世界のドキュメンタリー界は狭く、日本のドキュメンタリー界はもっと狭い。

マークとは、それまでに何度か映画祭などで顔を合わせていた。二〇一三年夏、僕が妻・柏木規与子と瀬戸内海の街・牛窓で夏休みを取っていたときに、彼は我が家に一泊したこともあった。そういう意味では、比較的なじみのある、親しい人ではある。

とはいえ、マークからのオファーは僕にとっては寝耳に水だ。このメールをもらうまで、大学の仕事の話なんてしたこともなかったのだから。

彼はいったいいつのまに、僕を大学に呼ぶなんていうアイデアを思いついたんだろう。大きな謎である。

マークと筆者(右). 2013年夏, 牛窓にて.

僕はときおり頼まれて単発のレクチャーを引き受けたりはするものの、大学で本格的に教えたことは一度もない。また、オファーをもらったときには、ちょうど牛窓で『牡蠣工場』(二〇一五年)と『港町』(二〇一八年)の撮影を終えたばかりで、制作モードが全開になっていたところだった。

教師としてミシガン大に行けば、映画制作は中断されることになる。そのことを想像するだけで、疾走中に不意にブレーキをかけられるような心理的衝撃と、漠然とした不安を感じたのも、我ながら無理はない。

しかしその一方で、映画制作を八カ月間中断するということが、矛盾するようだが魅力的なアイデアにも思えた。自分自身について、ドキュメンタリーについて、ゆっくりと見つめ直してみたいという気持ちがどこかにあったのだと思う。

思えば二〇〇五年に『選挙』(二〇〇七年、観察映画第一弾)を撮影して以来、ろくに息もせずに無我夢中で走り続けてきたような八年間だった。

ミシガン大学の落ち着いた環境で、学生たちと一緒に映画やドキュメンタリーについてゆっくりと考え直す。そういうのも悪くないか。

そう、思った。

それに、僕もすでに「中堅」と呼ばれる年齢とキャリアになり、若い世代に少しずつバトンを渡していくことも必要ではないか。

でも、規与子はいったいどうなるんだろう。

当時、彼女はニューヨーク市立大学などで太極拳を教え始めていた。それが軌道に乗ってきた矢先に、ニューヨークを離れるのは難しいだろう。ということは、僕は一人でミシガンへ行くことになるかもしれない。それをどう思うかな。

ところが聞いてみると、彼女は予想に反してミシガンに行く気、満々である。

「だって、すごく楽しそうじゃん」

「でも、太極拳の仕事はどうするの」

「八カ月間丸々は休めないかもしれないけど、半分くらいなら休んでミシガンに住んでみたいな。だってそんな機会、めったにないじゃない?」

そうか……。相変わらず「楽しいこと」を優先するヤツだ。

僕は思い切って、マークのオファーを受けることにした。

ミシガン大学はおろか、ミシガン州に行ったこともない。だからどんな生活が待っているのか、皆目見当もつかない。でも、なぜか引き受けない手はないように感じた。

そして大学側の審査も無事に通って、二〇一六年九月から一七年四月まで、それまで何の縁もなかったミシガン大学へ赴任することが決まったのである。

人生とは本当に不思議なものだ。

「映画を一本撮りましょう」

しかし、「大学で学生たちとゆっくりと映画について考えよう」などという目算は、ほかならぬマークからの提案によって、あっさりと崩れることになった。

二〇一六年一月、マークから「授業について」と題するメールが送られてきた。

「どんな授業を行うか、提案してほしい」という内容か何かだろうと思って開いたら、まったく予想と違った。それは「一つのクラスを共同で教えながら、映画を一本撮らないか」という、とても野心的な提案だった。

「今度の秋学期(九月〜一二月)、ドキュメンタリー作家でもあるテリー・サリス先生とともに、ダイレクト・シネマについての授業を共同で教えることになりました。授業では観察的なドキュメンタリーの歴史や理論を教えながら、学生たちと一緒にミシガン・スタジアムについての長編ドキュメンタリーを作る予定です。スタジアムからの撮影許可はすでに得ています。想田さんもこのクラスを一緒に教えませんか」

このメールも藪から棒である。

大学への誘いを受けた際、マークとは何度かスカイプで話したが、そのときは映画を撮るなんて話は一切出ていなかった。いったいいつ、そんなアイデアを思いついたのか。いずれにせよ、いきなり人を驚かすのは、マークという人の癖のようである。そういえば牛窓へ泊まりにきたのも、本当に突然だったなあ……。

メールにある「ダイレクト・シネマ」とは、一九六〇年代、アメリカを中心に勃興したドキュメンタリーの手法とスタイルである。

ナレーションや解説を極力排して、目の前の現実を直接的に(ダイレクトに)描こうとする。同時録音ができる軽量なカメラと録音機材が開発されたことで、いっせいに花開いた手法だ。ダイレクト・シネマの代表的な作家には、フレデリック・ワイズマンやメイスルズ兄弟、D・A・ペネベイカーなどが挙げられる。

僕が提唱・実践する「観察映画」は、ダイレクト・シネマの手法やスタイルを自分なりに解釈し、その精神を受け継いだものである。観察映画という名称も、ダイレクト・シネマの作品がしばしば「観察的な(observational)」と呼ばれることにちなんでいる。

マークは、観察映画ないしダイレクト・シネマの手法を用いて、学生と一緒にミシガン・スタジアムについての映画を撮ろうというのである。

ミシガン・スタジアム.

そそられる話だ。

巨大なアメフト場「ザ・ビッグハウス」

でも、「ミシガン・スタジアム」って、いったい何?

急いでネットで調べたところ、ミシガン・スタジアムとは、ミシガン大学が所有するアメリカン・フットボール場のようだ。ミシガン大のアメフトチーム・ウルヴァリンズの本拠地。

アメリカでは何でも馬鹿デカい。そのアメリカでも最大のスタジアムだと書いてある。つまり掛け値無しに巨大なものであろう。実際、人々からは「ザ・ビッグハウス(The Big House)」と呼ばれているようで、一〇万人以上が収容できるとある……えっ、一〇万人?!

東京ドームのキャパシティが五万五〇〇〇人。その二倍近い大きさだ。にもかかわらず、試合のチケットが毎回売り切れになるのだそうだ。プロではなく、大学のアメフトなのに。

信じられん。

でも、ちょっと待てよ。

調べたところ、ミシガン大があるアナーバー市の人口も、約一〇万人とある。ということは、毎回、街全体の人口に匹敵する人数が、スタジアムに集まるということだ。

なんということだろう。

正直、アメフトを観戦したこともなく、ルールすら知らない僕には、そう聞いても「撮りたい」という意欲は湧きようもない。

でも、ビッグハウスはドキュメンタリーの被写体として、文句なしに面白そうである。だって大学アメフトの試合に、なんで毎回一〇万人も集まるの。その理由や背景を探るだけでも興味深いじゃないか。

とはいえ、二つ返事で引き受けるには、わからないことが多すぎる。僕はさっそく、メールで質問を投げかけた。

「質問があります。(1)学生は何人くらい授業に参加する予定ですか。(2)映画はいつまでに仕上げる必要がありますか。(3)映画の監督は誰になりますか。編集権は誰にあって、誰が映画の完成に責任を持つことになりますか。学生全員が『監督』になることは考えられますか」

すべて基本的な質問である。

それに対してマークからは、

(1)学生の数は二〇人から二五人くらいを予定していること、

(2)秋学期の終わりである一二月までにラフカット(粗編集)を作り、冬学期(一月〜四月)に映画として仕上げたいこと、

(3)学生全員を監督にすることも考えているが、最終的には教授陣がイニシアチブを取る必要があること、

などという返答があった。なるほど。

その上で、マークは次のような仕事の流れを提案してきたのである。

(A)最初の一〜二試合をクラス全員で見学し、ロケハンする。

(B)どんなストーリーを撮れるか、授業でブレインストーミングする。どんな画や音が撮れるかについても考える。

(C)追うストーリーごとにチーム分けをする。

(D)チームそれぞれが撮影し、粗編集をする。

(E)粗編集されたシーンをどのように一本にまとめることができるか、授業でブレインストーミングする。

(F)編集チームが一本の映画として完成させる。

合理的なワークフローである。

予定調和と「観察映画」

しかし僕には、どうしても引っかかることがあった。

それは「ストーリー」という言葉である。

学生たちはロケハンの結果を元に、どんなストーリーを撮るのか、だいたいのイメージを固めてから撮影にのぞむ。

僕はマークの説明を、そう解釈した。しかしそうであるならば、この映画は「結論先にありき」の予定調和に陥り、つまらなくなる危険性がある。

なぜそんなことが言えるのかというと、僕はかつてまさにそのようなやり方で、NHKなどのテレビ・ドキュメンタリー番組を作っていたからだ。そして、そういうやり方から脱却するためにこそ、僕は「観察映画」を作り始めたのである。

テレビ番組のスタンダードな作り方といえば、だいたい次のようになる。

まず、番組のねらいやテーマを決める。

次にリサーチを行い、テーマに合った人物や施設などを探し出す。そして実際に被写体候補者に会いに行き、情報を聞き出し、何が撮影できて何が撮影できないのかを把握する。

さらにそれに基づいて詳細な台本を書く。

台本には、ショットのリストやナレーション案を書き込む。ディレクターによっては、被写体がインタビューでどんな内容の発言をするのか、想定されたセリフまで書き込むこともある。

そしてもちろん、エンディングも決める。

　要は番組の青写真を作り終えてから、撮影を始めるのである。

　しかしこうした手順を踏むと、撮影者は当然、台本に合うように目の前の現実を切り取ろうとしてしまう。そしていくら目の前で面白いことが起きていても、それが台本に書かれていなかったら目に入らなくなる。いわば自分自身が書いた台本に意識が支配され、縛られてしまう。

　悪くすると、自分のテーマを描くため、被写体を都合よく誘導したり、捻じ曲げたりするようなことも起き得る。被写体よりも自分が作り上げたコンセプトやイメージを優先させてしまうわけである。

　だが、ドキュメンタリーとは本来、目の前の現実をよく観てよく耳を傾け、そこから虚心に何かを学び、発見しようとする営みであるはずだ。

　ドキュメンタリーを撮っているとしばしば、予期もせぬ不可解な現実を突然目にして、自分の世界観や人間観がドロドロに溶解するような経験をすることがある。僕などはそういう「ドキュメンタリー的驚天動地」に出会いたいからこそ、わざわざドキュメンタリーを撮っているような気がしている。

　実際、自らが設定した安全圏から一歩も出ず、あらかじめ出ている結論を伝えるために撮るのであれば、ドキュメンタリー作りなど退屈な苦行でしかないのではないか。ドキュメンタリーは「目的地を決めぬ旅」のようなものだからこそ、驚きや発見があって面白いのである。

　僕はそうした問題意識のもと、固定観念をなるべく排して「観察」すること、つまり「よく観て、よく聴き、未知に対して自分自身の意識を開くこと」を、ドキュメンタリー作りにとって最も重要な態度であると位置づけてきた。そして「観察映画の十戒」というルールを自分自身に課して、これまで映画を作ってきた。

それは可能な限り予定調和を排し、虚心坦懐に現実を観察し受け入れながら映画を作るための方法論である。そして観客にも、スクリーンで起きていることを自分の目と耳と脳みそを使って観察してもらうためのスタイルである。

「観察映画の十戒」

(1)被写体や題材に関するリサーチは行わない。

(2)被写体との撮影内容に関する打ち合わせは、(待ち合わせの時間と場所など以外は)原則行わない。

(3)台本は書かない。作品のテーマや落とし所も、撮影前やその最中に設定しない。行き当たりばったりでカメラを回し、予定調和を求めない。

(4)機動性を高め臨機応変に状況に即応するため、カメラは原則僕が自分で回し、録音も自分で行う。

(5)必要ないかも？　と思っても、カメラはなるべく長時間、あらゆる場面で回す。

(6)撮影は、「広く浅く」ではなく、「狭く深く」を心がける。「多角的な取材をしている」という幻想を演出するだけのアリバイ的な取材は慎む。

(7)編集作業でも、あらかじめテーマを設定しない。
(8)ナレーション、説明テロップ、音楽を原則として使わない。それらの装置は、観客による能動的な観察の邪魔をしかねない。また、映像に対する解釈の幅を狭め、一義的で平坦にしてしまう嫌いがある。
(9)観客が十分に映像や音を観察できるよう、カットは長めに編集し、余白を残す。
(10)制作費は基本的に自社で出す。

もちろんマークの提案は、僕がかつて行っていたテレビ・ドキュメンタリーの作り方ほど、予定調和を呼び寄せるようなものではない。彼は「どんなストーリーを撮れるか、授業でブレインストーミングする。どんな画や音が撮れるかについても考える」と述べているだけで、台本をガチガチに固めて撮ろうとはおそらく思っていない。

しかしそれでも僕は、彼が「ストーリー」という言葉でいったい何を意味しているのか、今の段階で確認し、正面から議論しておく必要があると感じた。なぜならこの点は、観察映画の成否を分ける最も重要な問題であり、絶対に譲ることのできない核心だからだ。

そこで僕はマークとテリーに対し、「観察映画の十戒」とその哲学について短く説明した上で、次のように問いかけた。

「ご説明にあった、(B)どんなストーリーを撮れるか、授業でブレインストーミングする。どんな画や音が撮れるかについても考える。(C)追うストーリーごとにチーム分けをする。この二点については、場合によっては僕自身の方法論や哲学の根本的な部分と、摩擦が生じる恐れがあります。

たしかに撮影前にロケハンをし、『チアリーダー』『売店』『清掃係』など、それぞれの班が撮影でフォーカスする部分についてブレインストーミングすることは必要かもしれません。しかし、彼らの〝ストーリー〟は、撮影して編集することによって、初めて発見されるべきものです（僕はこれまでそのように観察映画を作ってきました）。撮影前に撮りたい〝ストーリー〟を決めてしまうと、作り手の頭の中に固定観念ができてしまい、そこから抜け出すことが難しくなります。

どう思われますか？

この点は僕の観察映画の方法論の中でも、最も重要な部分なので、プロジェクトに参加するかどうかを決断する前に、お考えをお聞かせください」

これに対してまずテリーから、次のような返信があった。

「ドキュメンタリーにとって観察が重要だというあなたの考えに賛同します。ナレーションや音楽を使わないという方針にも賛成です。

（B）については、私の理解では、学生たちが描きたいストーリーをあらかじめ決めておくという意味ではなく、スタジアムやその周辺でフォーカスしたい場所や部分を議論し選んでおくという意味だと考えています。そしてあらかじめ絵コンテなどを考えるのではなく、撮影中に展開していったことを撮っていくことだと理解しています」

左から筆者，マーク，テリー．

僕はこれを読んで、ひとまずホッとした。
テリーと僕とは、この時点で面識は一切ない。彼女がどのような人柄で、どんな作品を作るのか、当時の僕には見当すらつかなかった。そしてもし彼女がガチガチに構成を固めてから撮影をするタイプの作家で、その方法に固執するような人であったら、映画を一緒に作ることは困難だろうと思っていたのである。

しかし、このメールから察するに、彼女は僕の言わんとすることを極めて正確に察知し、しかも賛同してくれているようである。
一方のマークからは、かなり長い怒濤《どとう》のようなメールが送られてきた。要約すると、次のような内容だ。

今度の本で想田さんについても書く予定で、そのために「十戒」や方法論について詳しく伺うのを楽しみにしてきました。しかしその作業を今ここで始めるのも悪くないですね。「十戒」について、まずは僕の考えを書かせていただきます。
（1）「リサーチは行わない」について。あなたの考えに二つの点で賛成できません。
第一に、たとえリサーチを行ったとしても、これから起きることや学ぶことにオープンであることは可能です。あなたの方針は厳格すぎるように思います。

第二に、あなたが映画を作る際、リサーチを改めてしなくても、被写体についてすでにたくさんのことを知っているはずです。例えば『選挙』を作る際、あなたは映画のためのリサーチをしなかったかもしれませんが、日本の政党や政治システムについては深い理解があったはずです。日本の政治について疎い人にあのような映画は作れませんし、そもそも山内さんのような被写体を選んだりはしないはずです。いわばあなたは普段から〝リサーチ〟してきたからこそ、山内さんが興味深い被写体であると判断できたのではないですか。

とはいえ、今回のプロジェクトでリサーチを最小限に抑えることは可能だと思います。なぜなら学生たちは、アメフトやスタジアムのことをすでによく知っているからです。

（2）「被写体と打ち合わせを行わない」について。撮影許可や安全面や法律面のことを考えると、打ち合わせはある程度必要になります。しかし「どんなシーンを撮るか」について、被写体との打ち合わせは不要です。偶然起きることに対してオープンになり、カメラの前で（またはカメラの後ろで！）起きることを自由に撮って欲しいと考えています。

（3）「台本は書かない」。同感です。

（4）「カメラを自分で回す」について。学生が多すぎるので、不可能です。カメラが足りません。また、このクラスは映画制作が専門の学生以外にも開かれているので、撮影や編集の経験がほとんどない学生も混じる可能性があります。その場合、経験のある学生と組んでもらう必要があります。
（5）「カメラはなるべく長時間、あらゆる場面で回す」。これはこのクラスでは、残念ながら難しい。
（6）「広く浅くではなく、狭く深く」。大賛成。
（7）「編集作業でも、あらかじめテーマを設定しない」。基本的に賛成ですが、ある程度のプランは必要だと思います。（2）の点とも関わりますが、どんな側面を撮ることが映画にとって必要か、だいたいのアイデアがないと、撮影許可を取ることも難しい。
（8）「ナレーション、説明テロップ、音楽を使わない」。そういうスタイルの映画を作りたくて、この企画を考えました。ただし、インタータイトル（場面の間に挿入されるテロップ）については、必要な場面があるかもしれません。
僕とあなたでは意見が異なるかもしれませんが、土本典昭、小川紳介、佐藤真、亀井文夫など日本のドキュメンタリー作家たちは、インタータイトルを効果的に使うのが得意ではないですか。また、中国のダイレクト・シネマの作品には、インタータイトルを使うことを拒絶しているがために、作品が損なわれている例がみられます。
（9）「カットは長めに編集する」。何を「長め」と定義するのかは、難しいと思います。この点はあなたの意図がもう一つ理解できないので、今度教えてください。
（10）「制作費は基本的に自社で出す」。制作に必要なものは、大学が用意します。学生には裕福な家庭の子もいれば、経済的に貧しい家庭の子もいます。貧しい学生が引け目を感じるような環境は避けなければなりません。

あなたがこのルールを自分に課しているのは、検閲を避け、独立性を保つためだと理解しています。しかしその点では心配はいりません。これまでこの企画について、学部長や体育部などと協議を重ねてきましたが、学生が作る作品に介入しようという人はいません。ミシガン大はそういう場所ではありません。大事なのは学生たちが「学ぶ」ことであり、大学当局は私たち教員を信頼しています。

想田さんがこの授業に加わり、学生たちに作品を見せ、方法論や哲学について議論していただけるなら、授業に特別な側面が加わり、とても素晴らしいことだと思います。ぜひご参加いただけると嬉しいです。


マークが「十戒」のすべてについて詳細な返信をしてくれたことには、やや面食らった。僕は「十戒」のすべてを今回のプロジェクトに適用できるとも、すべきだとも考えていなかったからである。「十戒」はあくまでも、僕自身が自社で映画を作る際のルールであり、大学を母体に学生たちと共同作業をするのであれば当然、異なるルールが必要だ。

いずれにせよ、マークのメールには歯ごたえを感じた。僕は容易に他人の意見になびかない、ちょっと面倒くさいくらいな人が好きである。メールを読みながら、自分の中のチャレンジ精神に火がつくのを感じた。

同時に、少なくとも観察映画の方法論の最も重要な部分は、一緒に実践できるのではないか。

そういう感触も得られたように思った。

ということで、僕は決めたのである。

この風変わりなプロジェクトに参加することを。

授業の「三本柱」

僕の参加表明を受けてから、マークとテリーはアナーバーで授業の準備を本格的に始めていたようだ。二〇一六年五月に入ったころ、彼らは「シラバス」のたたき台をメールで送ってきた。

シラバスとは、学期が始まる前に教師が公表する授業計画である。そこには、授業のねらいや日程、課題、成績の付け方などが詳細に書かれている。アメリカの学生はそれを参考にして、受講する授業を選ぶわけだ。最近では日本の大学でも定着しつつあると聞く。

マークいわく、最近の学生はシラバスを教師との「契約」のように考えていて、書いてあることと異なる授業をしたりすると、クレームを受けることもあるそうだ。なんだか買い物をする消費者みたいで、あまり好ましい傾向ではない。

それにシラバスには、ドキュメンタリーの台本を事前に固める発想と似たものを感じる。正直、教育にとっては悪い影響があると思う。しかしアメリカの大学で教えるからには、もはや拒否できない習慣でもあるようだ。

マークから送られてきたシラバスの表紙には、ビッグハウスの大きな写真が掲載されていた。

その出だしを紹介しよう。

SAC 401「ザ・ビッグハウス・プロジェクト」
〜観察的ドキュメンタリーの歴史と理論と実践〜
火曜日午後一時〜三時、四時〜七時。木曜日一時〜三時。
【授業について】
この授業は、観察的ドキュメンタリー、いわゆる「ダイレクト・シネマ」の歴史と理論と実践に焦点を当てる。学生たちは、ビッグハウスについての観察的なドキュメンタリー映画を共同で製作する。映画を作るため、学生たちはアメフトの試合が行われる土曜日などに、ビッグハウスへの特別なアクセスを得る。(略)
【スケジュール】
九月六日　ダイレクト・シネマとは何か。その定義。さまざまなダイレクト・シネマの映像クリップを上映。
九月八日　カメラと録音機材の使い方を習得。課題:グループに分かれて題材を選び、週末に観察的スタイルで一〇分未満の短編を撮影して編集。
九月一三日　週末に撮った課題を試写し、批評。想田和弘「観察映画の十戒」のレクチャー。映画『牡蠣工場』(二〇一五年、想田和弘監督)の鑑賞。
九月一五日　週末のロケハンについての説明。グループ分け。

九月一七日　対コロラド大学の試合を見学・ロケハン。
九月二〇日　ロケハンの結果を発表し、ブレインストーミング。対ウィスコンシン大学の試合の撮影のため、グループ分けをする。映画『ドント・ルック・バック』（一九六七年、D・A・ペネベイカー監督）鑑賞。
九月二二日　ドキュメンタリーの倫理的諸問題。課題論文：ブライアン・ウィンストン『ドキュメンタリーの原罪について』など。
九月二七日　ダイレクト・シネマの編集理論と方法。鑑賞する映画：未定。
九月二八日　短編課題の編集仕上げ作業。
一〇月一日　対ウィスコンシン大学の試合を撮影。（以下略）

こんな調子で、授業が終わる一二月中旬までの予定がびっしりと書いてある。ここまで詳細なシラバスを作るとは思っていなかったので、ちょっとびっくりした。

いずれにせよ、授業には次の三本柱があることがわかる。
(1)ビッグハウスについての映画の製作
(2)ドキュメンタリーの歴史と理論
(3)ダイレクト・シネマ作品の鑑賞
これら三つの要素を有機的に組み合わせることで、学生たちに全的なドキュメンタリー教育を行う。そう、二人は考えているのだと理解した。同時に、これは三人の教師がいないと難しい、とても贅沢な授業だと感じる。

僕はシラバスについて、次のように応じた。

「ウィスコンシンとの試合を撮影する前に、学生たちがカメラや録音機材の使い方を習得する機会が、九月八日だけで十分でしょうか。僕には少なすぎるように感じます。

『ドキュメンタリーの倫理』についての授業では、拙作『精神』のクリップを上映して議論するのはどうでしょうか。倫理的に議論の分かれる特定の場面を見せて、『あなたならこの場面を使いますか？　それとも使いませんか？』と問いかけるのです。これまでにレクチャーなどで何度か試みていますが、必ず議論が白熱します」

マークからの返答。

「カメラの習得については、よい質問です。学生には初心者もいれば、経験豊かな人もいます。しかしこれはテリーの専門分野。ご意見を伺いたい。『精神』のクリップ上映、ぜひやりましょう。そういえば、想田さんは編集ソフトは何を使っていますか？」

テリーからの返答。

「九月八日の授業の中で機材の基本的な操作を訓練した上で、週末の課題を撮影することを通して、機材に慣れてもらうという方法を考えています。しかし試合を撮影する前に、もう少し時間を取ることは検討可能です」

僕からの返答。

「僕はアドビ社の〝プレミア・プロ〟を編集に使っています。編集機材は何台ありますか。

また、カメラは何台使用可能で、どのカメラを使いますか」

　テリーからの返答。

「大学ではこれまで〝ファイナルカット・プロX〟を編集ソフトとして採用してきましたが、このソフトに対しては不満が多く、この夏プレミア・プロに乗り換える予定です。秋までに間に合えば、編集室が四部屋、編集に使えるパソコンが大部屋で二〇台、使用可能です。しかし学生には自分のラップトップで編集する人が多いです。

　カメラはパナソニックのAG160を使おうと決めました。学科の機材室にはプライムレンズを使える、より高性能なカメラもありますが、今回のプロジェクトには合わないと判断しました。中には自分が持っている一眼レフカメラなどを使いたいと申し出る学生もいることが予想されますが、許容するかどうかは要検討です。

　学生の数は一六名です。機材室には二二台のAG160がありますが、試合の撮影日には六〜八台を確保します。AG160を使ったこと、ありますか？　普段はどのカメラをお使いですか？」

　僕からの返答。

「AG160を使ったことはありませんが、すぐに習得できると思います。今回のプロジェクトに適したカメラだと思います。僕は普段、キャノンのC100を使っています。おっしゃる通り、ファイナルカット・プロXはあまりよくないですね。一度使ってみましたが、まったく好きになれませんでした」

体育部の広報課長

こうした相談が進む一方で、マークとテリーはスタジアム側との折衝も進めてくれていた。スタジアム側の窓口となるのは、ミシガン大学体育部の広報課長、カート・ソボーダ氏である。体育部はアメフトだけでなく、大学の体育系のイベントや施設すべてを取り仕切る大きな部署だ。

後で詳述するように、体育系のイベントは大学の重要な資金源でもあることから、学内でも特別な位置を占めている。その広報課長であるカートが撮影隊の受け入れを快諾してくれたおかげで、このプロジェクトは立ち上がった。彼はいわば、映画と授業の影の立役者といえるだろう。

マークとカートの間ではメールでのやりとりが続けられ、それはすべて僕にもＣＣされてきた。

これはマークがカートに出したメール。

「カートさん、以下の質問があります。

(1)撮影する際、リリースフォーム(撮影同意書)には誰にサインしていただく必要がありますか。

(2)撮影日に学生たちがいただくパスは、スタジアムのどの箇所に対して有効ですか。

(3)撮影日は、九月一七日か二四日にロケハン、一〇月一日と二二日に撮影を考えています。

大丈夫でしょうか?
(4)以下の部署から撮影許可を得たいのですが、担当者を教えていただけますでしょうか。
(a)厨房
(b)売店
(c)警備
(d)フィールド
(e)マーチングバンド
(f)試合後の清掃
(g)試合前のフィールドでの準備
(h)フライオーバー
(i)トレーナー
(j)ビッグ・テン・ネットワーク
(5)撮影中、体育部はどの程度撮影隊を見守る必要がありますか。(以下略)

少し説明が必要であろう。

まず、(1)の「リリースフォーム」とは、ドキュメンタリーの被写体にサインしてもらう撮影同意書のことである。アメリカの法律家によれば、口頭で撮影許可をもらい、それを録音しておけば法律的には十分。しかし訴訟社会のアメリカでは、撮影者や配給会社、映画館などを守るために、念のため同意書に署名してもらうことが一般的だ。

実際アメリカ人は慣れたもので、道ゆく人に街頭でインタビューしたりしても、フォームを渡すと「オーケー」と言ってその場で気軽にサインしてくれる。今のところ日本にはない習慣だが、肖像権の問題が厳しく言われる傾向が強まっているので、今後は必要になってくるかもしれない。
(h)の「フライオーバー」とは、試合前の国歌斉唱の際、米軍の戦闘機がスタジアム上空を通過する儀礼飛行のことである。アメリカのスポーツイベントでは定番であり、ビッグハウスの試合でも米軍がジェット戦闘機を飛ばしたりするらしい。後で改めて詳述するが、アメリカでは、スポーツと国威発揚がしばしば一体化しているのだ。
(j)の「ビッグ・テン・ネットワーク」とは、アメリカの大学スポーツ連盟「ビッグ・テン」加盟大学の試合を専門に中継するテレビ局である。同局は年中無休で二四時間稼働し、年間五〇〇試合の中継をアメリカの九〇〇〇万世帯に届けているとか。アマチュアとはいえ、大学スポーツは巨大なビジネスでもあることがうかがえるであろう。
さて、このような質問を提出した上で、マークとテリーはカートと実際に会い、打ち合わせを行ったようである。そして以下のような回答を得たと報告してくれた。
(1)リリースフォームについては、学部の弁護士と協議した上で決定する。
(2)学生に提供されるパスでは、スタジアムのあらゆる場所へ入ることができる。
(3)カートから各部署へ撮影日を知らせ、了承を得る。

(4)それぞれの責任者の名前が示されるが、ここでは省略。
(5)学生たちを信頼し、「見守る」人員はつけない。その代わり、試合前にカートが授業を訪れ、注意事項について解説する。

年俸九億九〇〇〇万円の監督、ジム・ハーボー氏

その後、体育部の他のスタッフも交えて何度か打ち合わせが開かれ、さまざまなことがすり合わされていった。その中で出た結論で、マークが残念がっていたのは二つの点だ。

まず、ウルヴァリンズを率いるジム・ハーボー監督(英語ではヘッドコーチ)に密着できないことである。また、試合日に選手たちのロッカールームに入ることもNGであると告げられた。

ジム・ハーボー監督.

僕は知らなかったのだが、ハーボー氏は地元では誰もが知っている有名人である。ミシガン大時代はウルヴァリンズのクオーターバックを務めたスタープレイヤーで、その後はプロの選手や監督としてNFLで活躍した。

ハーボー氏は二〇一五年、低迷するウルヴァリンズを立て直すことを期待されて、契約料含めて年俸七〇〇万ドル(約七億七〇〇〇万円)という破格の条件で、ミシガン大の監督に就任。そして就任後初のシーズンでは期待通りの好成績を残し、二〇一六年は年俸が九〇〇万ドル(約九億九〇〇〇万円)にアップしたという。全米の大学の監督でも最高レベルのサラリーである。

なんだか大学スポーツの話だとは思えないような金額だ。

しかし大学アメフトは極めてメジャーな人気スポーツであるだけに、それだけ巨額なお金も動くのである。

カートの説明によると、ハーボー氏に密着することはさまざまなメディアが切望していることなので、僕らの撮影隊だけに簡単に許可を出すわけにはいかないのだそうだ。それだけ彼の「商品価値」が高いということなのであろう。

実際、これは二〇一七年一〇月の新聞報道で知ったことだが、アマゾンのプライムビデオがハーボー氏や選手の日常を写したドキュメンタリー・シリーズを企画しており、制作会社はミシガン大学にライセンス料として二五〇〇万ドル(約二億七五〇〇万円)を支払ったそうだ。

このニュースを読んだとき、僕はハーボー氏とロッカールームがNGに指定された理由を悟った。

つまり僕らが「ハーボー氏や選手の日常」を撮影してしまうと、アマゾンの企画と競合してしまうことになる。おそらくアマゾン側との契約には、「本企画と競合するような企画にゴーサインを出さない」旨の条文があったはずで、ミシガン大がその約束を破ってしまったら、二五〇〇万ドルがパーになる恐れもあったわけだ。

あくまでも僕の憶測ではあるが。

家賃が高いアナーバー

他方、五月に入るとマークから、

「今のうちにアナーバーで住む場所を探した方がいいですよ」

とのメールがあった。

彼いわく、アナーバーは常に住宅が不足気味で家賃も高いので、学期が近づいてから家探しをするのでは遅すぎるというのである。

アナーバーはミシガン大学を中心にした街である。人口の実に約半分が大学関係者。人種的には七八％が白人だ。大学街であるせいか、文化・芸術活動が盛んで、街には毎週ファーマーズ・マーケットが立つなど、クオリティ・オブ・ライフが高い。

六〇年代にはアメリカの学生運動の拠点になり、リベラルな気風が定着している。そのため、小さな街なのに大都市並みのバス網が整備されていて、基本的に車は不要だとも聞く。バス網を廃止しようとする動きが持ち上がっても、そのたびに議会で否決されてしまうそうである。

車の免許を持たない僕や規与子には、ありがたい生活環境だ。

しかしその分人気も高く、家賃も高いのであろう。

実際、「学生用物件」と銘打つものでも、「ワンルーム一三〇〇ドル(約一四万三〇〇〇円)」とか、「3LDKをシェアで一部屋八一九ドル(約九万円)」とか、ニューヨークと相場があまり変わらない。学期が近づくのを待っていたら、大変なことになりそうである。

そこで早速、マークお勧めの「サバティカル物件」専門のサイトで、部屋探しを始めた。

「サバティカル」というのは、アメリカの大学ではよく採用されている「長期研究休暇」のことだ。短くても数カ月、普通は一年くらい、大学の教員は休暇を取って、研究や充電に専念する。その間、給料も部分的に出たりするらしく、かなり羨ましい制度である。

アナーバーはカレッジ・タウンなので、当然、サバティカルを取って長期間アナーバーを離れる教員も多い。教員は長期休暇中、自宅を空き家にしておくのももったいないし、セキュリティ上の不安も大きいので、信頼できる人に貸そうとする。一方、ミシガン大には僕のように外部から期間限定で滞在する教員も多いから、ここで需要と供給が一致するわけだ。

しかし実際にサイトを見てみると、教授たちが住んでいる広くて豪華な家が多いせいか、月に家賃が二〇〇〇ドルから三〇〇〇ドルくらいする物件ばかりが並んでいる。大学からは住宅補助も出るが、八カ月間、ニューヨークのアパートも維持しなければならないので、ダブルで払うにはかなり厳しい。

そう思って途方に暮れていたら、一五〇〇ドル(約一六万五〇〇〇円)の物件が目にとまった。間取りこそワンルームだが、写真をみる限りとても明るくて感じがよく、広そうである。家具付きなので、家具を一から買う必要もない。「入居は二人まで可」とあるので、規与子が一緒に住むことになっても大丈夫そうだ。

マークにそう伝えると、さっそく家主のマーサさんとアポイントを取って、見学に行ってくれた。親切な人だ。そしてすぐに何枚もの写真をメールで送ってくれた。

「すごくいい部屋だし、マーサはいい人そうだし、ロケーションもいいし、絶対ここがいいよ！」

太鼓判である。一五〇〇ドルの家賃には、光熱費も含まれているそうである。相場を考えると格安といえるだろう。

聞けばマーサは弁護士で、ミシガン大の教員ではない。つまりサバティカルを取るから入居者を募集しているわけではなく、空いている〝離れ〟を一日単位で貸し出しているのだそうだ。庭を共有する母屋には、マーサご夫婦と子供さんが二人、それに可愛い犬が二匹住んでいるとのこと。動物好きの僕らには願ってもないことだ。

唯一の問題は、秋学期が始まる九月と一〇月の週末、すでに部屋の予約が入っていることである。というのも、ビッグハウスで試合がある週末は、世界中からアメフトファンやOB・OGがアナーバーに集結する。そのため、一〇〇キロ圏内のホテルはすべて満室になってしまうのだとか。マーサの部屋も、まだ五月なのにアメフトファンに予約されてしまっていたわけである。

ビッグハウス、おそるべし。

しかしマークは楽観的である。

「部屋が使えない日は、ウチに泊まればいいじゃない」

本当に親切な人である。

僕はマーサの部屋を借りることに決め、秋は週末だけマークのご厄介になることにした。

「ビッグハウスは〝聖地〟なんだよ」

二〇一六年九月五日、僕はいよいよ、ニューヨークのラガーディア空港から、デトロイト行きの飛行機に乗った。フライトは二時間強。

規与子はやはり秋学期の授業は休めず、今回はお見送りである。つまりこれから四カ月間、お互い離れて暮らすことになる。しかし年末には合流し、春までミシガンで暮らす予定だ。

デトロイト空港には、ミシガン大の日本研究センターが手配してくれた運転手のサイードさんが迎えに来てくれていた。サイードは中東出身の移民である。アナーバーには何年も住んでいるらしい。

「最高に住みやすい街ですよ！」

アラビア語訛りの英語で、しきりにアナーバーを褒める。

僕がニューヨークに二三年間住んでいると告げると、

「観光で行っただけだけど、あんな酷いところによく住めるねえ。ニューヨークは人々がギスギスしてて、全然優しくないじゃない？　アナーバーとは大違いですよ」

アナーバーとは大違い、か。

ニューヨーカーの僕は小さな反発を覚えつつも、自分の中で期待と想像力が膨むのを感じた。

車がアナーバー市内に差し掛かったころ、不意に巨大な構造物が顔を出した。

丸みがかった、煉瓦色の重厚な建物。紺地の巨大な看板に、黄色い「M」の文字がくっきりと浮かんでいる。

サイードが叫んだ。

「これが〝ビッグハウス〟です！」

サイードいわく、彼の知り合いのお医者さんは、今シーズンのビッグハウスのＶＩＰ観覧スイートルームの使用権を購入したそうである。

ＶＩＰ観覧スイートとは、日本でいう升席の超豪華版とでも表現すればよいだろうか。一二の座席とバーが付属していて、ケータリングが利用できる。一般の観客とはガラスで区切られ、屋根や空調もついているので、プライバシーが保て、悪天候でも快適に観戦可能だ。

サイードの知り合いは、一シーズンのスイート使用料として、なんと八万ドル（約八八〇万円）も支払ったそうだ。

「八万ドルだよ、八万ドル！」

サイードは興奮したように、何度も叫んでいた。そして自説をこう述べた。

「ビッグハウスは単なるスタジアムじゃない。〝Shrine〟なんだよ！」

「Shrine」とは、普通に日本語訳をすると「神社」である。しかしこの場合は、「聖なる場所」とか「聖地」とでも訳すべきであろうか。たしかに何らかの「聖性」を感じなければ、人はアメフト観戦に八万ドルも喜んで払わない気がする。

サイードが使った「Shrine」という言葉は、僕の中に強い印象を残した。そしてビッグハウスのことを知れば知るほど、それがこの上なく的確な「ビッグハウス評」であったことを、実感していくことになるのである。

鍵もかけぬアナーバーの住人

さて、街路樹の緑が生い茂る、よく整備された道を通り抜けていくと、サイードが運転する車は、青色鮮やかな美しい家の前で止まった。僕がこれから八カ月間住むことになる、マーサたちの家である。

空気が新鮮だ。樹木のいい香りが辺りに充満している。

しかし人の気配がない。呼び鈴を鳴らしても、誰も応答しない。そこでマーサに電話をしてみると、

「ああ、ごめんなさい、もう着いたんですね！　今、犬の散歩に出ているの。鍵は開いてるので自由に入ってて！」

と、快活な声で言われた。

鍵は開いてるって……？

ニューヨークでは、ドアには頑丈な鍵を二つつけるのが普通だ。自宅にいる間も当然鍵をかけるし、呼び鈴が鳴らされても見知らぬ人であれば、基本的にドアは開けないのが常識である。

そういう街で生活し慣れている僕には、マーサの言葉を聞いても、一瞬意味がわからなかった。しかしすぐに理解し、軽いカルチャーショックを覚えた。

「そこまで治安がいいのか……」

14歳の老犬ブーちゃん．アニメ「チキチキマシン猛レース」のケンケンに似ている．

まだ１歳くらいの若いデイビー．動物保護団体から譲り受けた．

実際、アナーバーの住人には自宅に鍵をかけない人が多いようである。のちに、

「この二〇年間、外国へ旅するときですら、鍵をかけたことがない」

と豪語する猛者に会ったこともあるくらいだ。

部屋は写真で見た通り、日当たりがよく清潔で、広々としていた。広い裏庭には大きな木が繁っている。スーツケースから荷物を出す作業をしていると、マーサが二匹の犬を連れて、ニコニコしながら帰ってきた。

「はじめまして！」

背が高く細身の聡明そうな白人女性。主に経済的に苦しい人々の弁護を引き受ける弁護士だそうだ。夫のジョシュさんはエコロジストで、地域の環境問題に取り組んでいる。二人には中学生の娘さんと、小学生の息子さんがいる。

僕と話すマーサには、黒くて大きな二匹の犬が嬉しそうにまとわりついていた。そしてときおり僕の方に寄ってきて、目を覗き込んだり匂いを嗅いだりしている。名前はブーとデイビー。

「よろしくね！」

僕はブーちゃんとデイビーに丁重な挨拶をした。

家のすぐ近くには、静かで美しい公園。僕はここで毎日瞑想をしようと心に決めた。

「ニューヨークとは全然違うでしょ」

「一緒に買い出しに行きましょう」

荷物の片付けが一通り済んだころ、マークが車で迎えにきてくれた。食料品などをまとめて仕入れるには車の方が便利だろうと、気を使ってくれたのである。

マークは、英語で話していると難しい単語や表現がぽんぽん飛び出す、正真正銘の知識人である。髭モジャの風貌もあいまって、学者然とした印象を受ける。

しかし彼が繰り出す流暢な日本語には、女性から習った言葉が多いからなのか、女子学生のようなカジュアルさと可愛らしさがある。ご本人いわく「居酒屋で覚えた」のだと言う。そのギャップが面白い。僕と映画や政治問題などについて語り合うときは、高度な英語と女子学生風の日本語が半々のチャンポンとなり、はたから見たら相当に不思議な光景なのではないかと思う。

マークは市内の案内がてら、さまざまな店をはしごしてくれた。その過程ですぐに気づいたのは、お店の人たちが妙にニコニコしていて、親切だということだ。

自宅近くの公園．iPhone のパノラマモードで撮影．

「XXというブランドの台所用洗剤を探しているんですが」

などと店員に聞くと、「Sure!」と笑顔で答えて、実際に足を運んで一緒に探してくれる。あまりにサービスがいいので、僕は「何か売りつけられるのでは」と心の中で身構えてしまったのだが、どうもそういうわけではないようだ。しかも行く店、行く店、どこでもそうなのだ。だんだん不思議な気がしてきた。マークにそう言うと、

「アナーバーではそれが普通ですよ。ニューヨークとは全然違うでしょ」

たしかに全然違う。

ニューヨークでは、商品のありかを聞いても面倒くさそうに「あの辺にあるよ」と方向を示されるだけで、自分で探さなくてはならないのが普通だ。笑顔で接客する店員なんて、ほとんどお目にかかったことがない。

いや、お店だけではない。

ニューヨーカーといえば、街中でも眉間にしわを寄せ、早足で他者を押しのけるようにして歩くのが定番である。勢い余って車の行く先を遮ろうものなら、ドライバーからすぐにクラクションを鳴らされたり、中指を立てられたりする。

仕事やプライベートで誰かと話していても、たいてい最後は「I've gotta run.（ちょっと行かなくちゃ）」と短く切り上げられ、せわしないのが常である。

ところがアナーバーでは、そもそも誰も急いでいないようにみえる。街ではみんなゆっくりと歩き、知らない人とすれ違ってもニコッとされる。道を横切ろうとすると、なんと車が止まってくれる！（これはニューヨークでは絶対にありえない）誰かと話していて、「I've gotta run.」と切り上げられることもめったにない。

同じアメリカでも、文化や生活のペースが相当に違うのだ。

ほほう、これが「ニューヨークとは大違い」のアナーバーなのか。

僕は運転手のサイードの顔を思い出していた。

第2章 スタジアムをどう撮るか

世界の名門・ミシガン大学

ミシガン大学は、一八一七年に創立された歴史ある州立総合大学である。学生約四万四〇〇〇人、教職員約六七〇〇〇人、事務職員一万九〇〇〇人を抱える大所帯。世界中に五七万人以上の卒業生がいると言われている。

教育や研究水準を総合的に評価した「世界大学ランキング」(二〇一八年度、タイムズ・ハイヤー社)では、世界第二一位につける名門だ。東京大学が同じランキングで四六位であることを考えれば、その水準の高さがわかるであろう。ミシガン大が「パブリック・アイビー」と呼ばれるゆえんである。

緑に囲まれた広大なメインキャンパスは、アナーバー市の中心にある。というより、ミシガン大を中心にアナーバー市が作られたと言った方が、正確かもしれない。

僕の新居からメインキャンパスまでの距離は、歩いて二〇分くらい。家のすぐそばから一時間に一本バスも出ているが、道程は景色が美しく歩きやすいので、運動も兼ねて毎日歩くこと

マークの研究室で．

にした。

僕の大学での正式な所属は、日本研究センターだ。一九四七年に設立され、日本文化の総合的な研究施設としては全米でも最も古い歴史を誇る。あの伝説的映画批評家ドナルド・リチー氏も、かつて僕と同じ枠で招聘教授として呼ばれたことがあるそうだ。

しかし僕が教えるドキュメンタリーの授業は、「スクリーンアーツ&カルチャー(SAC)」学科にある。「映像芸術文化学科」とでも訳せるだろうか。その入り口には、昔懐かしいフィルム・カメラが展示されていた。

僕は映像芸術文化学科にあるマークの研究室を、間借りさせてもらうことになった。マークは別のビルにメインの研究室を持っているので、この部屋はあまり使っていないのだそうだ。それでも壁には小川プロ作品のポスターなどが飾られていて、部屋の主の専門領域がさりげなく主張されていた。

ミシガン・タイム

アナーバーに着いて次の日、さっそく授業が開始された。

授業は午後一時からである。僕は早めの昼食を済ませ、満を持して一二時五〇分ごろに教室へ到着した。ところが、誰もいない。

部屋を間違えたのかなと不安になっていると、一時ちょうどくらいにマークがやってきて、僕の顔を見るなりこう言った。

「早いですね、想田さん。さすが日本人。そういえば〝ミシガン・タイム〟のこと、言ってなかったね！」

マークいわく、ミシガンには「ミシガン・タイム」とよばれる習慣があり、授業を含めて、イベントは基本的に一〇分遅れで始まるのだそうだ。実際、一時を過ぎたあたりからテリーや学生たちが到着し始め、授業が開始されたのは一時一〇分ちょうどだった。

それなら授業の終わりも一〇分押しになるのかと思いきや、終了時刻が近づくと学生たちは早々にパソコンなどをしまい始め、時刻きっかりには教室を出て行く。要は授業が一〇分短縮されるだけなのである。

僕はこの不条理について、

「授業開始が一〇分遅れるなら、終了時刻も一〇分遅らせるべきでは？」

とミシガン出身の別の先生に問いかけたことがある。すると彼は、

「へっ？」

という顔をして、平然とこう答えた。

「そうすると学生たちが次の授業に遅れてしまうからダメですよ」

「しかし次の授業開始も一〇分遅れるのであれば、問題ないじゃないですか」

「ははは っ、なるほどね」

一笑にふされて取り合ってもらえない。理屈に合わない習慣だが、郷に入っては郷に従えである。

「“Soda”と呼んでね」

話が脱線した。

授業には一三人の学生が参加する。

女の子が六人、男の子が七人。人種的マイノリティの学生は二名である。ミシガン大全体では約三五％がマイノリティなので、その比率より少ない。

映画用のカメラを初めて触るような他学科の学生もいれば、カメラや編集技術にかけてはセミプロのような学生もいた。将来はプロのドキュメンタリー映画監督になりたいという人もいれば、劇映画の監督を目指す人もいる。

いずれにせよ、一三人の学生を三人の教師が教えるのだから、とても贅沢な学生対教師比率といえるであろう（ミシガン大全体では一五対一）。

ミシガン大では教授も学生もファーストネームで呼び合う。僕はアメリカでも姓の方で通しているので、授業の冒頭、このように自己紹介をした。

「みんな、僕のファーストネームは“Kazuhiro”だけど、“Soda”と呼んでね。飲み物と同じ綴りと発音です」

映画『ザ・ビッグハウス』の制作チーム.

こう言うと、アメリカでは必ず笑いが取れる。しかも名前を覚えてくれるので一石二鳥である。

ちなみに規与子は、その話を聞いて目を丸くしていた。彼女が教えるニューヨーク市立大では、教師はうやうやしく「Professor」と呼ばれ、ファーストネームで呼ばれることなど考えられないのだそうだ。アメリカの大学もいろいろである。

授業の進行は、基本的にテリーがイニシアチブをとった。アーティストであると同時に教育者であることを自認する彼女は、学生の間でとても人気がある。「テリーの授業が好きだから」と言って、僕らの授業を受けることを決めた学生も何人かいた。なんでも話せる公平な先生としてみられていて、みんなからの信頼が厚いのだ。

一方のマークは、かつて映像芸術文化学科の学科長だったこともあり、やや畏怖される父親的存在である。つき合ってみればものすごく気さくで、全然怖い人ではないのだが、あの風貌もあいまって、なぜか少し怖がられている。

その証拠に、授業開始前、僕やテリーが教室にいても学生たちはおしゃべりをしているのに、マークが入ってくると急に静かになったりする。本人はそのことを少し気にしているらしく、ビールを飲みながら、

「なんで僕は怖がられてるんでしょうね」

と僕やテリーに半ば本気で聞いてきたこともあった。僕などはもう少し怖がられたいと思っているくらいなので、人間、いろんな悩みがあるものだ。

課題や論文もクラウド化

授業はシラバス通り、ダイレクト・シネマの定義から始まった。ドキュメンタリーの理論や歴史を専門とするマークの十八番である。

お次は、撮影機材の使い方を学ぶワークショップ。これはAG160の使い方に精通したテリーが中心になって行った。

また、クラスを五つのグループに分け、週末の練習課題のための準備を進める。グループごとに好きな被写体を選んで、ダイレクト・シネマのスタイルで撮影をしてくるという課題である。尺は五分から一〇分くらい。実際に撮影することで、カメラの操作に慣れてもらおうというわけだ。

ミシガン大ではグーグルのシステムを使ったクラウド化が進んでいた。

学生たちは映像素材やレポートを、物理的に教師に手渡したりはしない。オンライン上のフォルダーにアップロードすることで提出できるようになっていた。また、読むべき論文も教師

が紙で配るのではなく、学生それぞれが授業のページからPDFファイルをダウンロードするようになっている。

僕が学生だったころには考えられなかったことだ。時代の移り変わりを実感させられる。

学生たちの映像を観て感じた「焦り」

週が明けた授業で、学生たちはそれぞれ練習課題として撮った映像を発表した。

まずはディランらのグループである。彼らは土曜日にちょうど行われたビッグハウスでの試合を撮影。といっても、スタジアム内で撮影する許可は得ていなかったので、ビッグハウスに向かう人々の波をカメラに収めてきた(上)。

大勢の観客が通り過ぎる道で、キリスト教福音派やハレ・クリシュナ教団の人たちが布教活動をしているのが興味深い。そのまま本編にも組み込めるような映像である。

オードリーらのグループは、アナーバー市内で開かれたブックフェアを撮影。

ジェイコブらのグループは、拳銃好きのユダヤ教聖職者に密着。拳銃ショップ付属の射撃場で銃の試し打ちをする様子を撮影していた。撮影隊の学生たちも試し打ちをしている様子が映し出されていて、かなり衝撃的である。とくに中学生のようにもみえる小柄なレイチェルが、嬉々として銃をぶっ放す場面には腰を抜かしそうになった。アメリカならではの撮影だ。

他の二つのグループは、大学構内で行われた「911追悼集会」の儀式を撮っていた。日曜日が九月一一日だったので、発想がかぶったのだろう。911の陰謀論を大声で説く本屋のオジサンがいずれのグループの映像にも出演していて、思わず笑ってしまう。

教室の雰囲気は、終始なごやかだ。

学生たちはスクリーンに映し出された映像に敏感に反応し、写っている人のちょっとした仕草や言動にも笑い声をあげている。

実際、作り手としてカメラを回す経験を一度でもすると、映像を見る目も変わってくるものである。彼らはクラスメイトたちが何をどんな視点で観察し、どう映像化したのか、興味津々になっているようだった。とても良い傾向だ。

マークやテリーもみんなの映像を褒め、満足そうである。

しかし僕は、映像を観ながら焦りも感じていた。

アマチュアが初めて本格的な機材で撮った映像として見るならば、実際、どのグループもなかなか良く撮れている。

しかしプロの水準には、まったく到達していないのである。

考えてみれば当たり前だ。彼らはプロではなく、学生なのだから。

だが、僕らはこのメンバーで、ビッグハウスについての長編ドキュメンタリー映画を撮ろうとしている。完成した作品は世界の映画祭に出品し、劇場公開やテレビ放映も目指そうと本気で考えているし、そのつもりで相談を進めてきた。要はプロとして通用する作品を目指しているのだ。

けれどもこのままでは、そんなことは夢に近い。

第一、みんなカメラがグラグラ揺れすぎだ。フレーミングも変なショットが多すぎる。それにこれはたぶん写真を撮る癖からくるのだろうが、ひとつひとつのショットがあまりにも短い。中には三秒くらいしかないものもある。これでは使えない。また、せっかくこれから面白くなりそうだ、というところでブチっと突然カメラを止めてしまったりする。辛抱が足りない。

カメラを人間に向けるのは怖い

しかし最大の問題は、撮影者の多くが被写体に十分に近寄れていないことである。だいたいは被写体から離れたところで、おっかなびっくり、遠慮がちに回している。だから画に迫力がない。遠すぎるので音もうまく録れていない。

カメラを人間に向けるのは、実はとても怖いことである。

相手が身内ならまだしも、会ったばかりの他人であれば、その人に正面からカメラを向け、長時間回し続けるには相当な勇気が必要だ。なぜなら、よく知らない人にカメラを向けるという行為は、相当に不自然で無遠慮なことだからだ。

私たちは通常、会ったばかりの他人であれば、一定の距離を取ろうとする。一挙手一投足を、一方的にまじまじと見つめたりしないし、ましてやそれを映像に記録したりもしない。それが私たちの人間関係の常識である。しかしそれを破り、他人に向けて「シュートする（射つ）」のが、撮影という行為なのである。

「ポートレイト撮るのって、被写体とセックスするようなもんじゃないですか」

これは、とある写真家の弁である。

僕はそれを聞いたとき、さすがにギョッとした。だが、あながち間違ったアナロジーとはいえない。誰かを撮影する行為とは、その人との間にある境界線を踏み越え、内側へと一気に「侵入」するようなものだからだ。

それはある種、快感にもなりうる。だが、快感を感じる前に、普通は恐怖を感じる。

「近づきすぎて嫌がられていないだろうか」「失礼じゃないだろうか」「そのうち怒鳴られるのではないか……」

たとえ事前に撮影許可を得ていたとしても、怖くなる。

しかし優れたドキュメンタリーを撮るには、この恐怖をどうしても乗り越えなければならないのである。

さて、いったいどうしたものか。

「みんな、これじゃダメだよ」

そう、僕はここで表明すべきなのかどうか。正直すぎる気持ちを言ってしまったら、みんなやる気を失ってしまうのではないか。しかしこれで「良し」としてしまったら、教師としてどうなのか。

みんなが嬉しそうに映像を見ている中、僕の頭の中では、そんな考えがぐるぐると巡っていた。そして議論が一段落し、マークから意見をうながされたとき、とっさに決断した。とにかく改善可能な問題点を具体的に指摘しよう、と。

「それぞれ面白いものが撮れていると思いますが、今後いくつかの点を気をつけるようにすると、もっと面白く撮れるようになります。まず第一に、被写体との距離です。多くの人が被写体から五メートルから一〇メートルくらい離れたところから撮っているように見えますが、もっと近づくと迫力ある画が撮れます。ちなみに僕は、通常これくらいの距離から撮ってます」

と言って、僕はカメラを構える格好をしながら、近くに座っていた学生の目と鼻の先までグッと近づいた。学生がちょっと仰《の》け反《ぞ》ると、全体にも笑いが起きる。

「ときには近づきすぎて、カメラにつけたマイクの先端が、被写体の人にぶつかってしまうこともある」

そう言うと、またもや笑いが起きた。同時にみんな、「なるほど」という顔でうなずいている。

「被写体に近づくのって、怖いんだよね。でも、その恐怖を乗り越えると、迫力ある画が撮れるし、音もよく録れます。さっき公園で911の陰謀論を唱える人が写ってましたが、彼の言うこと、よく聞き取れない箇所がなかった？　あんなに魅力的な被写体なのに、もったいないよね？　あれは遠くから望遠で撮っているからです。近づかないと音はクリアに録れない」

　本当は、カメラのポジションは被写体に近ければよいというものではない。被写体からわざと離れたりして、別の視点や角度から写すことも必要だからだ。

　しかし現時点でそういうことを学生に言っても、混乱するだけである。今はとにかく、口を酸っぱくして「もっと近づけ」と言うしかない。まずは被写体に近づくことができて初めて、意識的に離れることも可能になるからだ。

「あと、カメラはもっと回しっぱなしの方がいいね。三秒くらいのショットを撮っている人もいたけど、あれじゃ短かすぎて使いにくい。観察には時間がかかるものでしょう。僕などは一時間くらいストップボタンを押さないこともあるよ」

　そう言うと、みんな驚いた様子だった。

　すると拳銃ショップを撮ったグループのヴェサルが手を挙げた。彼は脚本専攻の学生である。

「たしかにその点、いま自分たちの映像素材を観ながら後悔しました。拳銃ショップの店のエリアから射撃場に移るときも、カメラを止めずにそのまま回しながらついて行ったら、店と射撃場の位置関係がわかりやすかったなあ、と」

「そうそう、その通り。そのショットがないと、射撃場が拳銃ショップに付属していることがわかりにくいよね。撮影し始めたら、基本的にカメラは止めずにずっと回している方がいいくらいです。次に何が起きるかわからないんだし。フィルムではなくデジタルなんだから、いくら撮ってもお金はかからないよね？　だから撮りすぎることを恐れないこと。いくら撮りすぎても、後で編集でカットできる。逆に撮らなかったものは、編集では作り出せない」

映画『牡蠣工場』冒頭の場面.

『牡蠣工場』の未編集映像を見せる

学生たちは、僕の言う理屈をなんとなくは理解しているようだった。しかし「どう撮ればよいのか」を実際に見せないと、本当の理解にはなりにくい。

僕は念のため用意していた映像を、みんなに見せることにした。

まずは完成した『牡蠣工場』の出だしの場面である。海中にぶら下がっている牡蠣のかたまりを、クレーンで引き上げて収穫する様子が映し出されている。

次に、その場面の未編集素材を上映した。編集されていない映像なので、当然、ダラダラと長い。しかしこれを見せれば、学生たちにも実感してもらえるのではないか。完成した映画の中では数分にすぎないシーンを撮るために、僕がどれだけ長くカメラを回し続けたのか、を。

正直、未編集素材を見せるのには、少しためらいもあった。

そこには僕が撮影中に犯した失敗も含め、すべてが生のまま記録されている。また、素材が最終的にどう編集されたのかを見れば、僕の編集の「手口」も明らかになってしまう。いわば手品師がタネを明かすようなものである。しかし映画制作を教えることは、まさにそのタネの作り方を教えることなのだ。

『牡蠣工場』の未編集映像から、学生たちがどれだけタネを学びとってくれたかは、僕にはよくわからなかった。なにしろ彼らの大半は、ドキュメンタリー作りの初心者である。

誤解を恐れずに言うならば、僕が伝えようとしたことは、僕自身が二〇年近いキャリアの中でようやく体得した一種の「奥義」である。だから本来はドキュメンタリー作りを何年も経験して、初めて理解できるようなものなのだ。

とはいえ、とにかく本番の撮影までに時間がない。あの手この手で伝えて、なんとか一人前の撮影者になってもらわねばならない。

コロラド戦をロケハン

九月一七日、土曜日。

早くも、クラス全員でビッグハウスのロケハンをする日である。

ビッグハウスでの試合は、必ず土曜日に行われる。今日は午後三時半から、コロラド大学戦が予定されている。本来ならば休日だが、僕らにとってはフル稼働の日である。

僕は朝八時過ぎにマークと待ち合わせ、一緒にバスでビッグハウスへ向かった。マークいわく、試合がある日は道路が混雑し駐車場も高くなるので、車には乗らないのだそうだ。

実際、ビッグハウスの周辺にある民家の多くは、試合日には庭を駐車場として貸し出している。掲げられた看板には「四〇ドル（約四四〇〇円）」とか「六〇ドル（約六六〇〇円）」などと書いてあり、目が飛び出そうになった。実に商魂たくましい。

学生たちは朝一〇時に集合である。集合場所は、「トンネル」と呼ばれるスタジアム側面の入り口。僕とマークが一〇時前に着くと、すでに体育部広報課長のカートが待っていてくれた。彼が今日の案内役をしてくれるのだ。

ロケハンの様子．左奥に立っているのがカート，右でカメラを回しているのがサリカ．

ところが学生たちの集まりが悪い。

「当日はカートを待たせてはいけないので、一〇時には絶対に遅れないように」

そう学生たちにも散々念を押していたのだが、「ミシガン・タイム」の悪い癖があるのだろう。マークもテリーもやきもきしていた。

一〇分遅れくらいでようやくみんなが集まると、カートはミーティングルーム、巨大な厨房、報道陣用観覧エリア、VIP観覧スイートルーム、テレビ中継用コントロールルーム、フィールド、試合後の記者会見場などを案内してくれた。その間、学生たちは写真を撮ったり、メモを取ったり。

インド系アメリカ人の学生サリカは、すでにカメラを回し始めている。練習も兼ねているのであろう。なかなかやる気があってよろしい。

しかしカメラを回している姿を見ていると、撮影者としての欠点も目についてくる。まず、やはり被写体との距離が遠すぎる。まだまだ遠慮や恐怖感があるのだ。また、カメラを回し出すタイミングが遅すぎるし、回し終えるのが早すぎる。あれでは重要な瞬間を逃しかねない。加えて、たぶん煩わしいのであろう、撮影中なのにときどきヘッドフォンを外してしまう。あれでは録音状態が悪くても気づきにくい。

僕は撮影中のサリカに近づき、「もっと近く」と耳打ちをした。そして撮影の合間に、改善すべき点をアドバイスした。これからも、学生たちに対してこのような作業を繰り返していく必要があるのだろう。

〝試合以外のすべて〟

スタジアムは巨大な上、中は迷路のように入り組んでいる。しかもどこを見ても同じような景色なので、方角がすぐにわからなくなってしまう。

こりゃあ、今日のうちにスタジアム内の地理をある程度頭の中に入れておかないと、当日迷って大変なことになるぞ……。

今日のロケハンには、映像芸術文化学科で脚本を教えているプラサード先生も参加している。彼はその昔マークの教え子だった人で、大のアメフトファンである。マークの誘いに応じて、撮影当日も応援に来てくれることになっていた。

カートによる案内が一通り終わった後、学生たちは思い思いの場所を見学するため、解散した。すると横にいたプラサードが何気なくこう言った。

「この作品は、〝試合以外のすべて(Everything but the game)〟についての映画になるのでは」

なるほど、それはなかなかよいコンセプトである。

ビッグハウスのメインディッシュは、普通はなんといっても「試合」だ。だから撮影をする人間としては、どうしても「試合を撮りたい、描きたい」という欲望にかられがちである。しかし試合の様子は全米にテレビ中継されるので、実は僕らがわざわざ描く必要はない。というより、いくら描こうとしても、質でもタイムリー性でも、生中継にはまったくかなわないであろう。

であるならば、僕らは最初から割り切って、「試合を描く」という側面を意図的に捨てるべきではないか。そして、「それ以外のすべて」を描くことに狙いを定めるべきではないか。

先述したように、試合中のロッカールームやコーチなどには近づくことができない。「試合以外のすべて」を撮るという方針は、そういう負の条件ともマッチするはずだ。いや、負を正に反転する発想であるともいえる。

僕はプラサードに賛意を示した。たまたま近くにいたマークも大きくうなずいている。テリーや学生たちも賛同するならば、これで僕らの「基本的立ち位置」は定まったようなものである。

プロジェクトにとっての大きな前進だ。

みんなにとってのヒノキ舞台

ビッグハウス内を一通り回った後、僕は報道陣用観覧席から、試合前に行われるさまざまなイベントを眺めることにした。

動き回っていろいろ見学するのもいいけれども、撮影対象が巨大であればあるほど、一箇所にとどまってじっくりと定点観測するのも良い戦略だ。

報道陣用観覧席は屋内にある(上)。前面は巨大なガラス窓で仕切られているが、フィールド全体が見渡せる。長いテーブルと椅子が多数備わっており、合計一〇〇人くらいの報道関係者がノートパソコンを開きながら、双眼鏡を片手に黙々と観戦している。

席の後方にはハンバーガーやサラダ、スープ、コーヒーなどが並んでいる。報道関係者たちは、無料で自由に食べることができるのだ。

「ええっ？　この食べ物、タダなの？」

うちの学生たちが、目の色を変えてハンバーガーを頬張り、何度もおかわりしていた。アメリカの学生は大人びて見えるけれども、やはり一皮むけばまだ子どもである。可愛いものだ。

報道席からフィールドを定点観測していると、チアリーディングや

マーチングバンド(上)、コイントス、功労者の表彰、国歌斉唱など、試合前にも実に多種多様な「出し物」が用意されていることがわかる。それらは試合開始の何時間も前から始まり、気分を盛り上げていく。

学生たちが行うチアリーディングやマーチングバンドの水準は、驚くほど高い。

そのマスゲーム的な統一感は、北朝鮮やナチスドイツのイベントを思わせるほど。ちょっと怖いくらいだ。何かを統一して行うことが苦手なアメリカ人学生たちが、このためにどれだけたくさん練習したのだろうかと、思わず想像してしまった。

思えば、試合の日は選手やコーチだけでなく、彼らにとってもヒノキ舞台なのである。

一〇万人の一体感

試合が始まってしばらくすると、マークが声をかけてきた。

「フィールドにも行ってみませんか。ここで観るのとは全然違うよ」

なるほどそれもそうだと思い、そばにいたテリーも誘って、三人でフィールドに出てみることにした。

出てみて驚いた。実際、報道席から観るのとは、全然違うのである。

まず、音が凄い。四方八方からサラウンドで聞こえてくる、声援。歓声。ざわめき。ブーイング。バンドの音楽。ガラスで隔てられた報道席では想像もできなかった臨場感である。ヴィジュアルも凄い。一〇万人が座る観客席は、ミシガン大のカラーであるブルーとメイズ(トウモロコシ色)で埋め尽くされている。フィールドにいると、スロープの加減のせいか、客席が目の前に迫ってくるように感じる。

ホームゲームなので、観客の九九%くらいはミシガン・ファンである。ウルヴァリンズが得点を上げれば場内全体がどんちゃん騒ぎになるし、逆にコロラドが得点すると大きなため息が起こり、お葬式のごとき沈黙が訪れる。

そもそも一〇万人が一堂に会する機会など、滅多にないものだ。しかもここでは一〇万人のほぼ全員が目の前の試合に注目し、同じ応援歌を歌い、一喜一憂する。その不思議な、恐ろしいくらいの一体感。エネルギーの充満。

僕にはアメフトのルールすらわからないので、試合そのものは楽しむことができない。にもかかわらず、試合中のフィールドでは、その場にずっと居続けたいような、奇妙な快楽を覚えた。そしてこの感覚を映画で再現し、観客と共有し、その正体をつきとめようとするのなら、それだけでも面白い映画になるのではないかと直観した。少なくともそれは映画のひとつの大きな軸になるはずだ。

アメフトにはこれまで縁がなかったというテリーも同じことを考えていたようだ。耳をつんざくような歓声の中、僕の耳に叫んだ。

「今のこの状況を映画の中でちゃんと描けたら、凄いですよね！」

「産業」としての大学アメフト

試合は45対28でミシガンが圧勝した。
かなり一方的なゲームだったせいか、試合の途中から観客がぞろぞろと帰り始めていた。試合後の渋滞に巻き込まれるのを避けようという判断であろう。

試合の後は、監督や活躍した選手の記者会見が開かれる。迷路のようなスタジアムの中を迷いながら歩いていくと、記者会見場にはすでに一〇〇人くらいの記者やカメラパーソンが詰めかけていた(上)。

会見では、登壇者も質問者もマイクで話すのが決まりのようだ。

会見場の後方をチェックすると、案の定、ボックスにコードをつなぐとマイクからの音のフィードがもらえる仕組みになっている。ここにカメラをつなげば、会見場での発言がすべてクリアに録音できるというわけだ。

僕は会見場にいた学生数人をつかまえて、その仕組みやコードのつなぎ方を説明した。プロなら誰でも知っている仕組みだが、学校ではおそらく教えられていない。そして、そういう細かいテクニックや知識が、プロとアマチュアの差を生むものである。

プロとアマチュアといえば、記者会見を眺めながら興味深いことに気づいた。

アメフトの選手たちはみな学生であり、アマチュアである。しかしそれを取材する人々はみな大人であり、プロだということだ。つまり取材は、彼らのメシのタネ。みんな競って質問をするし、真剣そのものである。

いや、よく考えるとプロなのは取材者だけではない。試合を運営している体育部やアナウンス部のスタッフたち、厨房のシェフ、チケットのもぎりの人々、医療班、セキュリティなど、試合を支えるあらゆる部署が、プロフェッショナルな大人たちによって構成されている。

つまり大学アメフトはアマチュアスポーツのイベントであるにもかかわらず、一つの「産業」として機能しているわけだ。この点は映画を作る上で、重要なポイントではないか。

「撮りたいもののリスト」

翌週の火曜日の授業は、ロケハンの報告会である。

ビッグハウスで何を観て、何を思い、何にカメラを向けたいと思ったか。

学生一人ひとりに発表してもらい、ブレインストーミングをしていく。

フィールド、チアリーダー、清掃班、警備班、爆弾探知犬、スナイパー、警官ローラ、医療班、チケットブース、ＶＩＰスイート、報道席、記者会見、アナウンス室、テレビ中継の制御室、体育部、ロッカールーム、Ｍデン、駐車場、テールゲート・パーティー、アメフト博物館、付属の床屋さん……。

「撮りたいもの」を思いつくままに列挙していき、マークがそれをホワイトボードに書き留めていく。

少し解説が必要だろう。

「爆弾探知犬」というのは、警備班に属する警察犬である。スタジアムの入り口で、人々の荷物や機器などの臭いをかいで爆発物を探知する。

「スナイパー」とは、やはり警備班に属する警察の狙撃手だ。スタジアムの屋根に何人か配置され、テロ事件などが起きた際に犯人を狙撃するのが任務である。

実際、ロケハンのときにマークが「ほら、あれがスナイパーだよ」と指差して教えてくれた。はるか遠くにいるので飯粒くらいの大きさにしか見えないが、たしかに黒ずくめの人々が屋根から顔を出していた。

「警官ローラ」とは、ビッグハウス名物の女性警官の名前である。ビッグハウスの入場門のすぐ外にある交差点で、マイクを持って交通整理をしながら、さまざまな「アメフト豆知識」を披露する。交差点で信号が変わるのを待っている人々に、娯楽を提供しているわけだ。

「Mデン（直訳すると〝Mの穴ぐら〟）」とは、ミシガン大のグッズを売るお店のことだ。アナーバー市内に何箇所もあり、ブルーとメイズ色のトレーナーやパーカー、帽子、マフラー、傘など、さまざまなグッズを売っている。このお店の存在なしに、スタジアムがブルーとメイズ色の人々で埋め尽くされることはありえない。

「テールゲート・パーティー」とは、スタジアム付近の駐車場に止めたバンの荷台（テールゲート）を使って開くパーティーのことだ。アメリカのスポーツイベントやコンサート会場などではとてもポピュラーな楽しみ方である。お酒を飲んだりバーベキューをしたり、ゲームをしたりする。

ちなみに、ミシガン・スタジアムの中ではアルコールの販売が禁じられている。それなのに酔っ払っている人とはやたらと遭遇した。

なぜだろうと不思議に思っていたのだが、何のことはない、みんなテールゲートで出来上がってから、スタジアムに観戦にくるのであった。

興味深いことに、みんなが挙げた「撮りたいものリスト」に「試合」というアイテムはなかった。みんなの関心は、自然と「試合以外のすべて」に向いていたのである

「試合以外のすべて」を映画制作の基本姿勢とすることに、異論は出なかった。

担当を割り振る

「撮りたいものリスト」ができた後は、今度はそれを割り振っていく作業である。

さまざまなものに興味を示す学生が多い中、ディランは「マーチングバンドを撮りたい」と迷いがない。そういえば彼はロケハンの最中、ずっとフィールドで自分の一眼レフカメラを回していた。

ショーンとサリカも、「厨房を撮りたい」と希望がはっきりしている。一〇万人分の食べ物がどう用意され、どのようにスタジアムの隅々にある売店や観覧席まで届けられるのか。聞けば、ショーンはレストランの厨房でアルバイトをしているそうで、そういう個人的な関心から

マーチングバンドの練習.

厨房の様子に興味を抱いたようだ。

他にも、ブリティはチアリーダーとアメフト博物館、ジェイコブは清掃班、アレックスとダニーは警備班、ケイティとオードリーはMデン、ケヴィンは駐車場とテールゲート、ヴェサルとレイチェルは体育部、ハナはロッカールームとテレビ中継制御室、などという具合に、みんなの希望を聞きながら担当を割り振っていった。

それが終わったら、今度は撮影許可を取るための段取りについて、ひとつひとつ確認だ。例えば爆弾探知犬やスナイパーを撮るためには、スタジアムの警備担当者から許可を得なければならない。厨房を自由に撮るためには、ヘッドシェフと話をつけておくことも必要であろう。

いずれにせよ、一〇月一日の撮影日まで二週間足らず。

今から動くことが必要だ。

「想田さんは、何を撮るの?」

授業が終わった後、マークが不意に僕に尋ねた。

「想田さんは、何を撮るの?」

ちょっとびっくりした。僕はカメラを回さず、みんなの監督役に徹するものだと思い込んでいたからである。

「え？　僕も撮るの？」

そう応答すると、横にいたテリーは「Why not ?（ダメな理由ある？）」とマークに賛意を示している。

「でも僕はカメラを回し出すと夢中になっちゃうから、みんなの監督はできなくなるよ。それでもいいの？」

「まあ、大丈夫でしょう、テリーもプラサードもいるし。想田さんも撮った方が、映画にとっていいんじゃない？」

「そうか……」

よくよく考えれば、たしかに僕も回した方がよい理由はある。

練習課題の撮影を見る限り、学生たちの撮影技術には不安が多い。僕がなるべく多くのシーンを撮影しておけば、作品にとって保険にはなるだろう。

結局、僕はカメラを回すことにした。

使用するのは、学校のAG160ではなく、ニューヨークから持参してきていたキャノンC100である。

というのも、「カメラを統一する」という原則は、すでになし崩しにされていたからだ。学生の中にはロケハンから自分のカメラを回しはじめている人が数名いて、もはや機材を統一させることは不可能だ。

この辺が日本とはずいぶん違うところである。日本の学生であったら、たとえ自分のカメラを使用したいとしても、統一感のために「忖度《そんたく》」して控えるか、少なくとも教師に確認してから使い出すのではないだろうか。

しかしアメリカの学生たちは、僕らに確認すらしない。当然のようにニコニコしながら思い思いのカメラを使っている。テリーやマークもそれをうるさく注意したりしない。良くも悪くも、そういうカルチャーなのである。

まあ、それで画質の統一感が失われるにしても、「みんなで作ったモザイクのような映画」を目指せばそれもいいか……。

僕はそのように自分を納得させることにした。

第3章

ウィスコンシン戦を撮る

ガンマイクがない！

一〇月一日土曜日は、ついに撮影第一日目。

対ウィスコンシン大の試合日である。

スタジアムに持っていく機材は厳選した。だが、歩いていくには重すぎる。

僕は午前一〇時三〇分から、ビッグハウスでスタッフ・ミーティングを撮影することになっていた。そこで九時に配車サービス・ウーバーを呼んだ。普通の日ならスタジアムまで車で一〇分くらいだが、試合の日なので道路事情がどうなっているかわからない。われながら用心深い性格だと思う。

ミーティングは、学生のハナと一緒に撮影することになっている。被写体の人数が多いので、カメラを二台回した方が良いだろうとの判断だ。

道路は思いのほか空いていて、九時半くらいに着いてしまった。だが、早い分には問題ない。控え室でカメラをゆっくりとセットアップして、ハナが来るのを待った。

ところが、約束の一〇時になってもハナが現れない。ミーティングは一〇時半からだ。ショートメッセージを送ると、

「ギリギリになりそう！」

と返答が返ってきた。

一〇時一五分になっても来ないので、僕はハナを待つのは諦めて、一人でミーティングルームに入った。そしてさっそくカメラを回し始めた。そうでないと、ミーティングが始まる瞬間を撮り損なう恐れがあるからである。

ミーティング前の室内の様子を撮影していると、ハナが息せききりながら部屋に入ってきて、カメラを組み立て始めた。ミーティングにはなんとか間に合ったようである。

しかし気づけば、彼女のカメラにガンマイクがついていない。

ガンマイクとは、マイクの前面の音だけを拾うようにできている指向性の強いマイクである。プロフェッショナルな撮影には欠かせない。それなしでは良い音が録れないからだ。

「ガンマイクはどうしたの？」

「ないのよ！」

どうやら、学校でカメラを予約したときに、なぜかガンマイクがオーダーから外れてしまっていたらしい。

これはかなりまずい。彼女は今日一日、音はカメラ内蔵のマイクで録るしかないということだ。ということは、どんなに良い画を撮れたとしても、それに付随する音はアマチュアなクオ

リティにならざるをえないだろう。

しかしミーティングは否応なく始まる。

試合日の運営責任者であるマットが口火を切った。

「ウィスコンシン・チームは一時一五分に、ミシガンは一時四五分、二時五分、二時二〇分にそれぞれ入場します。また、ウィスコンシンのバンドも二時に入場しますから、トンネル付近とフィールドは非常に混み合うことになる……」

ミーティングでは、今日の出来事の流れを再確認していく。出来事のすべては分刻みで設定されているので、ひとつでも狂いが生じたら大変だ。

「ゴー・ブルー(Go Blue)!」

マットの掛け声で、ミーティングが終了した。

手前がマット．

「ゴー・ブルー」というのは、ミシガン大のスポーツイベントにおける合言葉のようなものである。「青よ、行け!」とでも訳せるだろうか。「ブルー」とは、ミシガン大のチームカラーのことであろう。とにかく試合日になると、ミシガンの人たちは挨拶がわりに、何かと言えば「ゴー・ブルー」と互いに声を掛け合う。
悔やまれるのは、このときちんと時間を取って、教師らしくハナに指導をできなかったことである。
まず、ガンマイクがオーダーに入っていなかったのは、運が悪かっただけなのかもしれない。

しかし運が悪い場合も見越して、あれこれ準備するのがプロの撮影者である。

例えばカメラを時間的に余裕を持ってチェックアウトしていたら、そこでガンマイクがないことに気づいても、なんとか調達できる可能性があったのではないか。撮影者はトラブルが起きる可能性も勘定に入れて、万全の準備をする必要があるのだ。

また、到着時刻がギリギリになったのもいただけない。あれではきちんとした準備ができないし、下手をすれば大事なシーンを撮り逃すことになる。

僕は彼女の教師として、この二点について折り入ってアドバイスすべきだったと思う。ところが自分も撮影しているのでその余裕がなく、機会を逸してしまった。ならば後日改めて時間を取るべきだったが、なんとなくうやむやになってしまって、結局助言できなかった。

僕自身、教師になりきれていなかったのだと思う。

プロとして仕事をしていると、どうしても「他人様の仕事には干渉しない」という癖がついてしまう。誰かに忠告したりすることは、「おせっかい」のように感じられてしまう。

だが、僕はここでは教師なのだから、その「おせっかい」をすることこそが仕事なのだ。

ハナの名誉のために書いておくと、彼女はとてもよいカメラウーマンである。次の試合の前日、ロッカールームでの準備の様子を撮影することに成功した。スタッフたちが、翌日の試合のために一二〇人分のヘルメットをひとつひとつ磨いていき、傷を修復していく。とても興味深く撮れていたので、映画の中ではたっぷりと使っている。

「スナイパーに思い切り怒鳴られた…！」

ミーティングには、体育部広報課長のカートも参加していた。

そこでミーティング終了後、僕はしばらくカートに密着して撮影することにした。広報課長の動きを追いかけることで、何か見えてくるものがあるのではないかと予感したからである。

カメラを回しながらカートの後をついていくと、案の定、報道陣用観覧席にたどり着いた。

カートは試合前に行われるコイントス用のコインをテレビ中継チームに渡したり、ジャーナリストたちと協議したりと忙しい。やはり彼は、報道陣との窓口になっているようだ。

すると突然、カートの携帯電話がなった。少し緊迫した様子だ。

僕はカメラを回しながら、会話の内容に耳を澄ました。

「はい、はい……。そうです、今日は学生の撮影隊がスタジアムの撮影に来ています……。はい、はい……。警備の担当者からは許可をいただいてます……」

話の内容からして、電話の相手はスナイパー・チームの責任者のようだ。うちの学生が何かトラブルにでも巻き込まれたのだろうか？

カートが電話を切ったので、思い切って聞いてみた。

「何か問題ですか？」

「いや、大丈夫です……」

どうやら大きなトラブルが起きたわけではないらしい。

　ところがしばらくすると、ジェイコブが真っ青な顔をして報道陣用席にやってきた。手にはカメラを持っている。

「酷いことになっちゃった……！　スナイパーに思い切り怒鳴られた……！」

　聞けば、屋上へのドアが開いていたのでカメラを持って入り込み、あれこれ撮影していたらしい。

「誰だ！」

　という怒鳴り声が聞こえたので振り向くと、重装備のスナイパーがすぐ後ろに立っていて、自分を睨《にら》みつけていたのだそうだ。

「マジで撃たれるかと思った……！」

　相当怖かったのだろう、ジェイコブは目を丸くして声を震わせている。

　カートへかかってきた電話は、この「事件」についての問い合わせだったのだろう。

　僕は思わずゲラゲラと笑って、ジェイコブに言った。

「撃たれなくてよかったなあ。さっきその件で、スナイパーからカートに電話があったから、その会話を全部撮ったよ！　映画の名場面になるかもしれないよ！」

　それにしても、住民が自宅に鍵もかけぬほど治安がよいはずのアナーバーで、大学スポーツを観戦するのにスナイパーの監視が必要だというのは、いったい何を意味しているのだろうか。

　よく考えると奇妙な話である。

盛り上がっていくフィールド

しばらく報道陣用観覧席で撮影した後、僕はフィールドへ出ることにした。試合を数時間後に控えたフィールドでは、ウルヴァリンズの選手たちがウォームアップをしている。

観客は基本的にフィールドに降りることはできない。しかし何かの特典なのだろう、特別の許可をもらって降りている人たちもいて、彼らは興奮した様子で、選手たちを背景に自撮り写真を撮っていた。

その横では、テレビ中継のチームが準備や撮影を始めている。その陣容は、プロスポーツの中継と比べても、まったく遜色《そんしょく》ないものだ。

頭上にあるのは、「スカイカム」と呼ばれるリモコン操作可能なカメラ。このカメラはワイヤーで吊るされているので、試合中もフィールド上を自由自在に動き回ることができる。選手たちの動きを上から撮影するのであろう。

ステディカム・オペレーター.

フィールドの角には、大きなクレーンにつけられたカメラが設置されている。動きと角度のあるダイナミックな画を、全米のお茶の間に届けるためだ。

また、大きな「ステディカム」を操作するカメラマンもいた。

ステディカムとは、手持ちのままブレない映像を撮るためのスタビライザーである。安定した浮遊感のある映像が撮れる反面、とても重い。ステディカム・オペレーターと呼ばれる技術者でないと扱えない、専門性の高いプロ機材である。

僕は彼らの仕事ぶりを撮影しながら、スタジアムに集まってきている多種多様な人々を撮っていった。

観客、選手、コーチ、チアリーダー、マーチングバンド、警官、軍人……。

試合時間が近づくにつれ、観客席がブルーとメイズ色で埋まっていき、気分も盛り上がっていく。

すると突然、会場に大きなどよめきが起こり、みんなが天を仰いだ。カメラパーソンたちも、一斉にレンズを頭上に向ける。
その先には、二つのパラシュートがゆっくりと下降してくるのが見えた。米軍の「パラコマンドーズ」と呼ばれる特殊精鋭部隊である。通常は敵地に空から乗り込むことなどを任務とする部隊だが、今日はアメフトの試合を祝福し盛り上げるため、はるか上空の飛行機からビッグハウスめがけて飛び降りてきたのだ。
彼らの姿が、スタジアムの巨大なスクリーンに映し出される。着地に成功すると、会場には割れんばかりの拍手が巻き起こった。
それが終わると、マーチングバンドの入場だ。二〇〇人以上のバンドメンバーが、隊列を作って音楽を演奏しながら、キビキビとした独特の動きとリズムでマスゲームを繰り広げる。その横で、チアリーダーたちがレベルの高い演舞を披露する。

曲目は「ザ・ヴィクターズ（勝利者たち）」という名のミシガン大学応援歌だ。

一八九八年、ミシガン大の学生によって作曲されたこの曲は、試合では何度も繰り返し演奏・合唱される。ミシガン大出身のジェラルド・フォード大統領は、海軍の行事などで「大統領万歳」の代わりに「ザ・ヴィクターズ」を演奏させたというくらい、愛校心が強かったらしい。

アナーバーにいるとにかくよく耳にするので自然にメロディを覚えてしまい、僕などもついつい口ずさんでしまう。そしてその「大学という共同体に所属する感じ」にある種の快感を覚える自分に気づかされてハッとする。

国歌斉唱と911

「ザ・ヴィクターズ」で一体感を強めた後は、今度はアメリカ合衆国国歌「星条旗」の斉唱である。

軍人や警官など制服組以外は帽子を取るようにアナウンスでうながされ、観客も選手もスタッフも、全員が一斉に起立する。そして星条旗が掲揚される中、一〇万人が手を胸に当てて歌い出す。

僕はその様子を撮影しながら、全身に鳥肌が立ち、背中がゾクゾクするのを感じた。

満員のスタジアムが総立ちで、声を合わせて一つの歌を歌う。この、自我を喪失するような、

他者との境界が溶けてなくなるような、なんとも言えない恍惚《こうこつ》感。アメリカ人ですらない僕が、醸し出される一体感に気持ちを合わせている不思議。

思い出すのは、「911後」の大リーグの野球場で、どうしても起立できなかったかつての自分自身のことだ。

二〇〇一年九月一一日の「事件」の後、アメリカはアフガニスタン戦争へ突入し、「愛国」ムードが国を支配した。星条旗が飛ぶように売れ、街は赤と白と青で埋め尽くされた。あらゆるイベントやコンサートで、アメリカ第二の国歌と呼ばれる「ゴッド・ブレス・アメリカ(神はアメリカを祝福する)」が合唱された。

それは大リーグの試合でも同様だった。

野球の試合では通常、七回表が終わるとみんなで「私を野球に連れてって」を歌うのがならわしだ。ところが911後は、曲目が「ゴッド・ブレス・アメリカ」に代わった。しかもその合唱はしばしば、軍人のソロによってリードされ、スクリーンには「私たちは我が軍を支持します」というメッセージが表示された。観客たちは一斉に立って、胸に手を当てて歌った。

しかし当時の僕は、野球場でどうしてもみんなと一緒に立つことができなかった。

　もちろん歌うこともできなかった。

　起立しない自分が周りの人たちからどう見られているのか気になり、そわそわした。一分半くらいの短い歌なのに、永遠のごとく感じた。

　僕が立てなかった……というより、立たなかった理由は明白だ。

　米軍によるアフガニスタン侵攻に反対していた僕は、立つことで戦争に加担したくなかったのである。

　もちろん、「テロ」に対する恐怖は、毎日ひしひしと感じていた。

　当時は炭疽菌《たんそきん》騒動なども相次ぎ、街を歩くのも、地下鉄に乗るのも、大きなイベント会場に出向くのも怖かった。だから「テロリスト」たちを匿《かくま》っているとされるアフガニスタンをやっつけろという声は、感情的には理解した。戦争を始めれば、国や自分の生活を守るために何かをやった気になることはできる。

　だが、論理的に冷静に考えれば、アフガニスタンに侵攻することがテロリズムを根絶する解決法だとは、どうしても思えなかった。攻撃すればむしろ事態は泥沼となり、テロリズムは活性化してしまうように思えたのだ。

　にもかかわらず、アメリカの世論は圧倒的に戦争を支持していた。

　世論調査では約九割のアメリカ人がアフガニスタン戦争の開戦を支持し、メディアでは反対意見を聞くことも稀だった。

僕にとっては、それが大きなショックだった。

個人の自由や違いが尊重され、なかなかひとつにはまとまらないように見えるのが、僕の知る「アメリカ」だった。日本社会における同調圧力になじめなかった僕には、そういうアメリカこそが輝いてみえていた。

ところが911後のアメリカは、一瞬で「一丸」となってしまった。それは一種のファシズムだと思った。「ゴッド・ブレス・アメリカ」の斉唱時に立たなかったのは、そうしたアメリカ社会に対する、僕なりのささやかな抵抗だったのである。

国歌や国旗が象徴するもの

そういう僕が、ビッグハウスでの国歌斉唱の光景には、どこか感動してしまっている。なんだか矛盾している。

僕は自分の感情にびっくりすると同時に、戸惑いを覚えざるをえなかった。

しかしよく考えると、僕の国歌に対する異なる感情は、実は矛盾ではないのかもしれない。アメリカの国旗や国歌は、「アメリカ合衆国」という国の象徴である。であるならば、それがそのときの状況によって、まったく異なることを象徴しうるのも当然だ。

例えばNFLサンフランシスコ・フォーティーナイナーズのコリン・キャパニック選手にとって、それは「人種差別がまかり通る国」を象徴していた。

二〇一六年八月、彼は警官による黒人射殺事件に抗議する意思を示すため、試合前の国歌斉唱で起立しなかった。それはアメリカ社会に激しい議論を巻き起こした。同時に、他のＮＦＬチームや大学アメフトにも彼の行為に共感する選手たちが現れ、ウルヴァリンズでは九月二四日、三人の選手が国歌斉唱中に拳を突き上げた。

では、アフガニスタン戦争開戦当時、アメリカの国旗と国歌は、僕にとっていったい何を象徴していたのか。思うにそれは、「他国を侵略する国」の象徴だったのだと思う。また、戦争に反対する世論を抑圧するための、プロパガンダの装置にも見えていた。

だが、二〇一六年秋の時点で、アメリカの国旗や国歌が、僕にとってそれとは別の意味を持ち始めていたのも事実だ。

あの当時、アメリカではドナルド・トランプとヒラリー・クリントンの間で、大統領の椅子を巡る激しい選挙戦が繰り広げられていた。

僕はクリントンを積極的に支持してはいなかったが、トランプの当選だけは絶対に避けてほしいと願っていた。

彼は選挙中、人々の差別心や敵対心を盛んに煽っていた。人々を分断することで自分の支持を増加させようとしているのは明らかに見えた。要はデマゴーグか詐欺師にしか思えなかったのだ。

トランプが万が一大統領になれば、その権力を私欲のために濫用するであろうことは、火を見るよりも明らかだった。そういうトランプが当選圏内にいる事実は、アメリカのデモクラシーと共和制が危機に瀕していることを意味していた。

そんな中、クリントンは民主党大会をフィラデルフィアで開催することを選んだ。フィラデルフィアとは、言うまでもなくアメリカ建国の地である。彼女はそこで、「Stronger Together（一緒なら強くなれる）」をスローガンに、アメリカ建国の理念に立ち返ろうと呼びかけたのである。会場では無数の星条旗が振られていた。

「友人の皆さん、私たちはフィラデルフィアにやってきました。私たちの国が誕生した地です。二四〇年前にこの町で起きたことは、今でも教訓となります。私たちは皆、その物語を知っています。一三の従順ではない植民地の代表がここに集まったとき、国王側につきたいと言う人もいました。革命については意見が割れていました。しかしそこから、お互いがお互いの意見を聴き始めました。互いに妥協し、共通の目標を見出しました。そしてフィラデルフィアを去るときには、皆が自分たちは一つの国家だと考えるようになっていたのです。だからこそ国王に向かって立ち上がることができたのです。

勇気が必要でした。そして彼らには勇気がありました。私たちの建国者たちは、〝一緒なら強くなれる〟という真実を抱擁《ほうよう》しました。

アメリカは今、再び審判のときを迎えています。強大な力が、私たちを分断しようとしています。信頼と尊敬の絆にほころびが生じています。建国者たちにも自分たちの運命がどうなるかわからなかったのと同様、私たちの運命もわかりません。それは私たち次第なのです。私たちは、一緒に協働し、一緒に立ち上がるのかどうか、決めなくてはなりません」（二〇一六年七月二八日、民主党大会でのクリントンのスピーチ）

人々を民族や宗教や性別などの違いによって、分断しようとするトランプ。

それに対抗してクリントンは、多様な個人が互いの違いを認め合い尊重し合いながら、それでも話し合って共通の解を求めていくデモクラシーの理念を説いていた。そしてそれを、アメリカという国家の存在理由であると位置づけていた。僕は彼女の演説を聴きながら、不思議な感動を覚えていた。

もちろん、アメリカのデモクラシーも極めて不完全だし、クリントン自身がその不完全性を助長することに加担してきたのも事実だ。イギリスに対する独立戦争に勝利して建国されたアメリカが、先住民族を虐殺し追い出していったことも承知している。

だが、そういう事実を割り引いたとしても、「デモクラシーの理念に立ち返れ」というメッセージは輝いてみえた。そして星条旗がデモクラシーの象徴となりうることを、初めて身体で納得したのだ。

僕がビッグハウスでの国歌斉唱に感動を覚えたのは、アメリカの国歌に「デモクラシー」という象徴を読み取っていたからなのだと思う。

みんなが胸に手を当て賛同の意を示しているのは、国家そのものというよりも、アメリカが国是として掲げるデモクラシーという理念。

そんな風に見えたのではないだろうか。

高揚感を支えるもの

とはいえ、そうしたとらえ方が危険性と隣り合わせであるということも、改めて認識しておくべきであろう。

現に、アフガニスタンへの侵攻は「不朽の自由作戦」と命名され、「テロとの戦い」は「自由を守るための戦争」と位置づけられた。

それはまさに、「自由」というアメリカ建国の理念の一部が、侵略戦争を正当化するロジックとして悪用されたことを意味する。思えばアメリカの独立やデモクラシーも暴力によって達成されたわけだから、アメリカン・デモクラシーと戦争とは、もともと不可分でありセットなのである。

加えて、ビッグハウスでの国歌斉唱の高揚感は、デモクラシーという理念に対する高揚感だけからくるものではない。というより、それは高揚する理由のほんの一部でしかない。高揚感を根底で支えていたのは、自我を溶解させて他者との一体感に陶酔《とうすい》するという、あくまでも動物的な現象であったと思うのだ。

僕がビッグハウスの映画に関わり始めてから、常に抱えてきた疑問がある。

「人はそもそも、なぜアメフト場に来るのか?」という問いである。

というのも、先述したようにアメフトの試合はテレビ中継されるので、試合を観るだけならはるばる競技場に出向く必要はない。チケットは高額だし、遠方からの旅費も馬鹿にならない。なのになぜ、人はわざわざアメフト場に集まるのか?

僕はカメラを回しながら、ひとつの答えを思いついた。

それはやはり、自我を喪失することの快感だ。

一〇万人が一同に会し、同じロゴとデザインの服を身にまとい、味方チームに声援を送る。マスゲームを繰り広げるバンドやチアリーダーに合わせて応援歌を歌い、身体を揺らす。味方に点が入れば狂喜し、相手に入れられれば足を踏みならして悔しがる。大勢の人々と溶け合い、一体になる。これが妙に癖になるほど、そして危険なほど気持ちいいのである。

興味深く思ったのは、ミシガン大に来たばかりの僕ですら、ウルヴァリンズが勝てば嬉しくなるということ。これはよく考えると変な現象だ。なぜなら僕はチームの一員ではない。チームが勝ったとしても、それは僕の勝利ではない。にもかかわらず、勝てば悪い気がしない。なぜだろう?

おそらくそれは、僕がチームを「自己」の延長として感じているからだ。

だからこそ、チームの勝利を自分の勝利のように錯覚する。負ければ自分も負けたように感じる。ビッグハウスに集い勝負の行方に熱狂する一〇万人にも、まさに同じ現象が起きているのだろう。

このように「自己」の領域を拡張する現象は、人類の歴史と社会を眺めれば珍しいものではない。

人はアメフトのチームだけでなく、自分の属する村や家族や会社や学校、派閥などに自己を拡張し、同一化する。というより、同一化したがる。人間が独りでは生きていけない社会的動物である以上、それはたぶん、生存にとって必要な本能なのだろう。

伝統社会が崩れ個人がバラバラになった近代社会では、人々はなおさら、自己を同一化できる対象を渇望しているのかもしれない。そしてその対象として最も強力な単位の一つといえば、「国家」なのである。

ちなみに、ビッグハウスはアメリカ最大のスタジアムだが、世界では第二位である。第一位は、北朝鮮の平壌《ピョンヤン》にある「綾羅島メーデー・スタジアム」。一五万人を収容できるという。

ナショナリズムの功罪

断っておくが、僕はナショナリズムのすべてが悪いとは思っていない。

例えば、民主党大会でクリントンが鼓舞した「アメリカ建国の理念であるデモクラシーに立ち返れ」という思想も、ナショナリズムである。それは国という単位を重視し、その独立性や健全性を保とうとする思想だからである。

皮肉なのは、トランプ自身もナショナリズムを選挙戦で悪用していることだ。彼の選挙スローガンである「アメリカを再び偉大に(Make America Great Again)」や「アメリカ・ファースト」は、まさにナショナリズムを鼓舞するためのものであろう。

ナショナリズムの問題は、それがトランプの例のように、排外主義や全体主義に変質しやすいということである。個人のために国家があるはずなのに、いつのまにか国家＝全体のために個人が犠牲になることを強要されたりする。あるいは国家の一体性を保つために異物を排除しようとしたりする。

試合中のビッグハウスを撮る

話をビッグハウスでの撮影に戻そう。

国歌斉唱が終わると、いよいよキックオフである。「試合以外のすべて」を合言葉に作る映画だが、試合をまったく映さないわけにはいかない。映画の焦点が試合以外にあるとしても、試合を少しは映さないことには、それに対する人々の反応を描くことは不可能だからである。

僕はまず、観客や応援団がどのように試合を眺め、どう反応するのかにカメラを向けた。

よく観察していると、彼らの応援には一定のリズムがある。プレイが始まると歓声を上げながら見守り、プレイが止まるとバンドの音楽に合わせてチアリーダーたちが踊る。味方が得点を入れたりファインプレイをしたりすると、それ用の音楽に合わせて身振り手振りをつけながら歌う。この繰り返しだ。こうしたリズムやパターンが伝わるように、僕は長回しで撮影をしていった。

一方、試合の様子を撮影する写真家やカメラパーソンたちは、試合に対して観客とはまったく異なる反応をする。

撮影者たちは観客たちがガッツポーズをしたり騒いだりしていても、平静な顔をしたままじっとファインダーを覗いて撮影を続けている(上)。観客たちを背景に置き、前景に撮影者たちをとらえると、そのコントラストが鮮やかに浮かび上がった。

他方、フィールドで警備をする警察官たちは、当然、応援団や報道陣ともまったく異なる反応である。

「Sheriff」と書かれたベストを着用し、脇に拳銃を携える彼らは、フィールドを背にして仁王立ちになり、観客席をじっと監視している。試合で何が起きようが、彼らは関知しない。というより、観客たちの動きに集中するため、関知してはならないのだ。

そして屋根を見上げれば、双眼鏡を持ったスナイパーが数人、顔を覗かせている。僕は試合を楽しむ観客たちの広い画から、屋根に素早くズームインすることで、彼らと観客の位置関係を描写した。

この間、学生たちは思い思いの場所で、思い思いの撮影をしていた。

フィールドではアレックスやオードリー、ディランなどの姿を見かけるが、彼らが何にフォーカスしてどのように撮っているのかはわからない。やはりカメラを回し始めると自分の撮影に夢中になってしまうので、学生を監督することは不可能だ。

しかしテリーはカメラを回さずに、学生たちの指導に専念してくれている。困ったことやトラブルなどがあれば、きっと対応してくれることだろう。

この日の試合は、14対7でミシガンが勝利した。

今シーズンのウルヴァリンズは強い。今のところ五戦全勝、負けなしである。

記者会見の様子を撮影し終えてくたくたになっていると、外にテリーがいた。車を近くの妹さんの家に駐車してあるというので、帰りは乗せてもらうことにした。

全身筋肉痛

明くる日、目が覚めて愕然《がくぜん》とした。

全身が筋肉痛で、手や足に力が入らない。細胞内にあるエネルギー源を使い果たして、枯渇してしまったような感じ。歩くのも大変だ。

思えば昨日は朝から晩まで、ほぼずっと手持ちでカメラを回し続けていた。

本格的にカメラを回したのは、二〇一三年一一月の『牡蠣工場』『港町』の撮影以来だから、なんと三年近くも撮影から遠ざかっていたことになる。撮影に要する筋肉は、完全に落ちてしまっているのである。

この辺りが、撮影専門のカメラパーソンとは違うところだ。

彼らはほとんど毎日のように撮影に出るので、それなりの身体もできてくるわけだが、僕は自分の作品しか撮らない。だから撮影を始めるたびに、身体が悲鳴をあげる。撮影のカンも鈍っているので、リハビリをしながらの撮影となる。

映画作家といえば毎日のように撮影しているイメージがあるかもしれないが、実態はそんなところである。しかも僕はこれでも多作なほうだ。

学生たちの多種多様な〝視点〟

今週の授業は、主に撮影第一日目の報告会である。学生たちが撮ってきた映像素材を上映し、批評していく。映像素材を見ていると、学生たちの撮影技術は、やはり人によってまちまちだ。しかしそれぞれ、とても興味深い視点でビッグハウスを切り取っていた。

マーチングバンドの活動を撮ったディランの撮影テクニックは、ほとんどプロ並みである。とくに試合中にバンドや観客席が一体となって盛り上がるシーンは、ナチスの党大会を撮ったレニ・リーフェンシュタール監督『意志の勝利』(一九三五年)を思わせる。この場面は明らかに映画の核のひとつとなるであろう。

ディランが観客を一人ひとりに顔がない「集団」としてとらえたのに対して、オードリーとアレックスは、観客たちの多種多様な顔をクローズアップで切り取っていた。たしかに一人ひとりに注目すると、老若男女、個性的で面白い顔が並んでいる。そういう意味では、ビッグハウスはいわば一〇万人の「顔博覧会」である。

ディランとオードリー&アレックスの視点は、一見相容れないようにも思える。しかし映画というメディアの面白さは、そういう互いに矛盾するような側面を併置させることでコントラストが生まれ、むしろ作品に深みが出たりすることだ。おそらく編集では両方とも取り入れることになるだろう。

一方、ブリティは試合前のチアリーダーや審判の練習風景などを撮っていた。彼女はフレーミングのセンスが独特で、何気ない風景でも少し変わって見えるように撮るのが得意だ。

皿の視点.

ビッグハウスの巨大な厨房を撮りに行ったショーンとサリカは、ハンバーガーやスープなどを大量に作るプロセスを撮影していた。また、できた食事を大きなコンテナに詰めて各所に運ぶ様子も追っていた。交通量に比べてエレベーターの数が圧倒的に不足しているので、スタッフたちがエレベーター前で行列を作り、辛抱強く待っている姿を映し出している。加えて各所へコンテナを運ぶ姿を映し出すことで、ビッグハウスがいかに広いのかがよくわかる。

ショーンとサリカの映像で思わず大爆笑してしまったのは、皿洗いの場面だ。彼らはなんと、小型の防水カメラ GoPro を食器洗い機の中に放り込み、「皿の視点」で皿洗いを撮っていたのである。その映像は奇抜そのもので、優れた実験映画のようでもある。

いずれにせよ、カメラを皿洗い機に入れるという発想は、僕らの世代の映画作家には思いつきにくい。カメラといえば高価で神聖なものというイメージがあるので、皿洗い機に放り込むなど、タブーに近いからである。僕がそう言うと、ショーンは、

「皿洗い機に入れても壊れないということは、事前にちゃんとリサーチしましたよ」

と、何食わぬ顔である。

これが世代の差である。

だからこそ映画も時代とともに変わっていくのだろう。

ジェイコブのファインプレー

スナイパーに怒鳴られてビビっていたジェイコブは、試合の翌日、ビッグハウスへ再び出向いていた。早朝に行われる清掃活動を撮るためだ。

清掃をするのは、カトリック教会の人々。まだ暗いうちから、三二〇人もの人々が一斉に掃除を始める姿が映し出されている。その光景は壮観だ。

しかしジェイコブの真のファインプレーは、彼らが清掃後、そのままビッグハウス内でミサをするという事実に気づき、その様子の撮影に成功したことである。

「M」という文字が十字架のごとく掲げられた部屋で、神父がパンとぶどう酒を信者たちに与える「聖体の秘跡」を執り行う(上)。清掃活動を行うのが業者ではなく教会関係者だというのも意外だったが、彼らがスタジアム内の施設でミサを行うというのも驚きだ。僕はジェイコブの映像を観ながら、運転手のサイードの言葉を思い出していた。

「ビッグハウスは聖地なんだ!」

ジェイコブのこの撮影の、何がファインプレーなのか。

とかく「清掃」を撮りにいくと、清掃を撮り終えた時点で満足してしまい、その後に別の展開があっても気づかずに帰ってしまいがちである。目的意識が強すぎると、それ以外のことが視野に入りにくくなるのが人間だからである。

だが、ジェイコブはそうではなかった。

彼は目の前の現実を「よく観て、よく聴いて」いたからこそ、ミサの開催に気づけたし、カメラを回すことができたのであろう。

そのことが、僕は何よりも嬉しかった。

セレンディピティ(予期せぬ発見)をすることこそ、ドキュメンタリー作りの醍醐味である。

ジェイコブはそのことを体得できたはずだ。

問われる作り手としての倫理

ヴェサルとレイチェルは、体育部のスタッフ、ラウルの活動を追いかけていた。

スタジアム内を巡回中のラウルに、突然、事件の連絡が入る。

ある観客が心臓発作を起こし、いつもかかっている主治医を探しているというのだ。どうも主治医はスタジアムのＶＩＰスイートで観戦しているらしい。

ラウルはさっそく事務所へ戻り、パソコンで主治医の名前と居所を検索し始める。

ことは急を要する心臓発作である。しかしラウルは、なかなか主治医を特定することができない。さまざまなところへトランシーバーで連絡を取っては、空振りする。その時間がもどかしく、ハラハラする。

結局、主治医はその日は観戦していなかったというオチになるのだが、このシーンを使うことは倫理的に許されるのかどうか。

ジェイコブから懸念が示された。

「映像を見ている人には、ラウルの対応が必ずしも効果的にはみえないですよね。主治医が見つからないのは彼のせいではないのに、なんだか失敗しているような印象がついてしまうのではないか。それに、実際にはラウルとは別に専門の医療班が患者の救急対応をしているはずだけど、このシーンだけを見た観客は、ラウルだけが対応していると誤解する恐れもあるんじゃないか。ラウルやビッグハウスの評判を不当に貶めてしまう結果になるような気もします」

なるほど、鋭いポイントである。

父親が医者だというブリティからは、医者の娘らしい意見も出てきた。

「私の父がこの主治医だったら、嫌がると思う。名前が会話に何度も出てるから誰だか特定できてしまうけど、そういう個人情報が晒されて良いのかどうか。しかもこの場面では〝患者が大変なときに連絡がつかない医者〟というイメージがついてしまう。この主治医から訴えられたらどうするの？」

思ってもみなかった視点である。

しかし訴訟社会のアメリカであれば、たしかに可能性がないとは言い切れない。

似たような議論は、アレックスとダニーが撮った映像についても起きた。

警備陣に密着していた彼らは、警官数名によってスタジアムから強制的につまみ出される、学生らしき若い男性の映像を撮影していた。会話がよく聞こえないので、男性が追い出されたた理由はわからない。手にチケットらしきものを持っているので、チケットの不携帯が理由ではないだろう。

では、なぜ彼は追い出されたのか?

その理由については、アレックスとダニーにもわからなかった。彼らは撮影していただけで、男性とは言葉を交わさなかったというのだ。

そこですかさず、マークが尋ねた。

「ってことは、男性から撮影の同意は得ていない?」

「得てません」

スタジアムは公共の場なので、基本的には個々の人から撮影許可を得る必要はない。

それが法律家たちの見解だ。

もし個々人からの許可が必要であるならば、僕らは一〇万人から個別に了承を得なければならなくなり、そもそもこのようなプロジェクトは不可能である。全米に流されるテレビ中継だって、成立しなくなるだろう。

その原則からいえば、男性から同意を得ることは、必ずしも必要ではない。

しかし、そう割り切ってよいものか?

なぜなら映像を使った場合、映画が彼の評判や将来にとって、マイナスになる可能性はゼロではない。つまり法的問題がクリアされたとしても、倫理的問題が自動的にクリアされるわけではない。映像には、男性の顔がはっきりと映っている。

学生たちの意見は割れた。

「公共の場なので問題ない」と主張する者。

「公共の場といっても、起きていることが個人的な気がする」と疑問を呈する者。

「勇気を出して本人から同意を得ていれば、問題なかったのに」と残念がる者。

結局、ラウルのシーンについても、男性のシーンについても、その場では結論は出なかった。そう簡単には決められないことなのである。

理論と実践の両輪

しかしこうした議論が持ち上がること自体、教育的には意義があると感じた。これまでの授業で、学生たちはドキュメンタリー作りに伴う倫理的問題について、ブライアン・ウィンストンやマーク自身の論文を読み、勉強や議論を重ねてきた。

例えばウィンストンは、「ドキュメンタリーの原罪」という言葉を使う。ドキュメンタリーがどうしても避けがたい、いわば内在する倫理的問題について論じている。

しかしそうした論文を読み、授業で議論するだけでは、どこか他人事で終わってしまうのも事実である。なぜなら「ドキュメンタリーの原罪」と言われても、なかなか実感が伴わないからである。それはアカデミックな教育の限界とも言えるだろう。

ところが今回の場合は違う。

議論の俎上にのぼっているのは、学生たち自身が撮った映像である。「それらをどう扱うべきか」というのは、理論的な問題というよりも実際的な問題だ。他人事ではありえない。学生たちは、まさに自分たち自身の問題として、ドキュメンタリーの倫理や法的正当性について考え、答えを出さなくてはならないのだ。

これは「理論と実践を組み合わせた授業」の大きな強みではないだろうか。

メリットは他にもある。

例えば、僕自身がビッグハウスで撮った映像を授業中に見せたとき、学生たちが以前よりもずっと真剣に、食い入るように観ていたのが印象的だった。彼らはおそらく、自分のカメラワークと、僕のカメラワークを比べざるをえなかったのだ。

僕も学生たちも、同じ日にビッグハウスで撮影したわけだから、条件は同じはずだ。にもかかわらず、〝撮れ高〟や映像のクオリティに差が出るとしたら、それはなぜなのか。

多くの学生が、僕のカメラが対象に近いことを指摘した。

実際、ほとんどの学生は、まだまだ遠慮や恐れがあるのか、対象から離れたところでカメラを回している。そのことを実感し、反省する声がいくつも聞かれた。

また、僕のカメラがあまり揺れないことや、常に長回しをしていること、そして音声のクオリティが高いことなども指摘された。実際、これらの側面は学生たちにとって、まだまだ大きな課題だ。とくに音声の問題は大きい。

このような「気づき」は、プロが作った完成された映画だけをいくら鑑賞しても、なかなか得られない。自分で撮ってみて壁にぶつかって初めて、ようやく得られるものなのである。

「人種」と「階級」

撮れた映像素材の試写では、「映っているもの」についての議論も盛んに行われた。なかでもたびたび学生たちの話題にのぼったのは、「人種」や「階級」の問題である。

スタジアムでの映像を見ていると、選手の多くは黒人である。一方、観客席でゲームを楽しんでいるのは圧倒的に白人が多い。報道陣用観覧席で取材している人も、大多数は白人だ。

しかし厨房へ行くと、主任シェフは白人だが、その下で働く人にはヒスパニックや黒人が多く混じっている。とくに皿洗いを担当するのはほとんどが有色人種だ。

もちろんそれは、ミシガン大が差別的な雇用方針を持っていることを意味するわけではない。アメリカ社会における人種間の、不均衡な経済的・社会的位置関係のせいで、結果的にそうなっているのだろう。

そういう意味では、ビッグハウスはアメリカ社会の縮図といえるのである。

ここで強調しておきたいのは、学生たちは撮影前から人種や階級について強く意識していたわけではない、ということである。

彼らの多くは、映像を撮りながら、あるいは撮れた映像をつぶさに観察することにより、そうした現実に気づかされたのだと思う。つまりそれは、映画を作ることで得られたセレンディピティなのである。

これは観察映画のあり方として、ある意味で理想的だ。

このプロジェクトに参加する前、マークやテリーと交わした議論を思い出していただきたい。僕は撮影前に「ストーリー」を定めることに、懸念を表明していた。先に「ストーリー」を決めてしまうと、結論先にありきの予定調和な映画になってしまう恐れがあるからだ。「ストーリー」は、映画を作る過程で、観察を通じて発見されるべきものなのである。

人種や階級に関する視点は、まさにそのようにして発見された。イデオロギーやメッセージに合わせて現実を切り取ったのではなく、現実を観察することで見出されたのである。

また、観察映画には、日常をよく観察することで、「当たり前」に見えていたものを「当たり前」ではなくするという作用がある。学生たちがビッグハウスを観察することで人種や階級の問題に気づかされたのは、まさにそういう作用が起きた結果ではないだろうか。

観察映画の作り手は、撮影中にも、編集中にも、目の前の現実をよく観て、よく聴くことを強いられる。するとこれまで無意識に見過ごしていたものも、改めて見つめ直さざるをえないのである。

第4章 イリノイ戦を撮る

「想田さん、代わりに撮影できない？」

第二回目の撮影は、一〇月二二日土曜日。イリノイ大学戦である。

撮影日の朝がやってきた。快晴だ。

眠い目をこすりながらコーヒーを飲んでいると、突然、電話がけたたましく鳴った。テリーからである。緊迫した声だ。

「ショーンが昨晩、高いところから落ちてケガをして、病院に運ばれたそうなの」

「ええっ、大丈夫？」

「命に別状はないし、大丈夫そう」

それを聞いて、ひとまずホッとした。

「でも、今日の撮影は無理だね……。彼は今朝八時半から医療班の準備を撮影することになっていたんだけど、想田さん、代わりに撮影できない？」

医療班とはここ数週間、テリーが中心になって撮影の交渉を続けてきた。

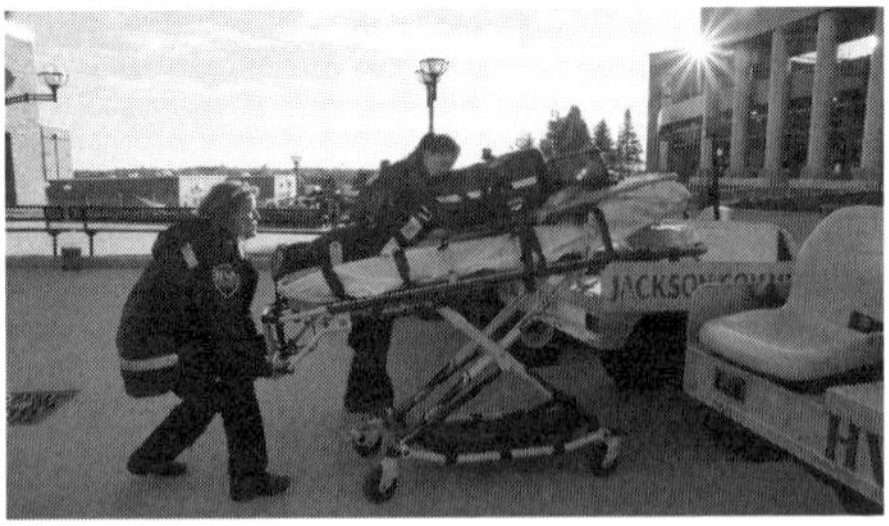

その結果、患者のプライバシーの問題で救急活動は撮影不可だが、朝の準備の様子なら撮ってもよいという許可が出ていた。

そのシーンを撮り逃すのは痛い。今からウーバーに乗り込めば、ギリギリ間に合いそうだ。僕は撮影を請け負って、ビッグハウスへ駆けつけた。

試合は午後三時半からだが、医療班の準備は午前八時半から始まる。

カメラを持って「First Aid（救護室）」と書かれた部屋へ行くと、

「ああ、撮影隊の学生さんですね。よろしく！」

と挨拶された。

「いや、実は僕は教師なんですが、今日撮影する予定だった学生がケガをしてしまったので、代わりに撮影に来たんですよ」

僕は自己紹介を素早く済ませて、さっそくカメラを回し始めた。

パラメディック（救急隊員）と呼ばれる専門のスタッフたちが、移動用ベッドを一つひとつセットし、ゴルフカートのような小型の車に乗せていく。病人やケガ人が出たらすぐに対応できるよう、カートをスタジアムの各所に届けておくのである。

聞けば、今日一日だけで延べ六〇人もの医療スタッフが働く予定だとか。

さすがアメリカ、物量もヒューマンパワーも豊富である。

しかしいったいどんな病人が出るのだろう？

「季節にもよります。シーズンの始めは熱中症が多いし、ハチに刺される人もいる。でも半分以上はアルコール絡みかな……」

そうか、この人たちの仕事の半分以上は、酔っ払い対応なのか。

酔っ払いのためにこんなに朝早くから働く彼らが、ちょっと気の毒になった。もしこれが日本だったら泥酔する人の「自己責任」が厳しく追及されて、ソーシャルメディアなどでバッシングが起きたりするのではないか。

しかしここはアメリカだ。

酔う人は酔う人、助ける人は助ける人である。

むしろ泥酔してくれる人がいるからこそ、医療スタッフの雇用が生まれる。そういう発想の方が強いような気がする。

試合前のスタジアム

医療班の準備を撮り終えると、次の現場は「学長主催テールゲート・パーティー」である。

これもショーンの担当だったので、僕が代わりに撮影しなければならない。

しかしパーティーまでには少し時間がある。

スタジアムのトンネルの方へ回ってみると、ちょうどうまい具合に「Explosive Detection Dog(爆弾探知犬)」が活動を始めていた。スタジアム内に入っていくスタッフや報道陣の機材や荷物を、次々に嗅いでいく。

ウィスコンシン戦では、ダニーとアレックスが爆弾探知犬の撮影を試みていたが、担当の警察官になぜか拒まれて、撮影できなかったそうだ。

いくら事前に組織の上部から許可を得ていても、現場にまで話が通っていないことは、アメリカではよくある話である。だから今回も拒まれる可能性はあるが、試してみて損はない。犬を操る警察官に声をかけると、

「ああ、ビッグハウスの撮影隊だね。話は聞いてますよ」

運良く話が通っている警官がいて、すんなりと許可をもらえた。ラッキーだ。

僕は犬の撮影を手早く終えると、スタジアム内に入った。

巨大なスタジアムは、まだ閑散としている。しかし何やら数人で機械をいじっている人がいたので、彼らが何をしているのか知らぬまま、カメラを回し始めた。

回しながら観察していると、どうも彼らは、試合中にコーチたちが使う無線機器のチェックをしているらしい。どの機器にも名前が記してあり、ハーボー監督の名もあった。彼らは無線機器を持って広いフィールドをくまなく動きながら、どの地点でも無線が正常に作動することを確かめていた。

その活動をだいたい撮り終えたころ、フィールドの隅で学生たちが、カートから大量のダンボールを荷下ろししているのに気づいた。ダンボールの中身は、ミネラルウォーターのボトルである。そしてバケツにミネラルウォーターを注ぎ込み、大量のゲータレードの粉末を溶かし始めた。選手たちが試合中に飲むためのものであろう。

一般財源の一六％にすぎない州からの助成金

作業を撮り終えたころ時計を見ると、学長主催のテールゲート・パーティーの時間が近づいていた。

「テールゲート」と言っても、学長のそれは駐車場で開催するわけではない。ビッグハウス内にある広い豪華な会場で、ご馳走を振る舞いながら催されるものだ。ここに母校の試合の観戦がてら、各界で成功した卒業生たちが世界中から集まり、寄付の小切手を切っていくのである。

卒業生たちが母校に寄付？

日本にはそういう習慣があまりないので、解説が必要であろう。

ミシガン大はいちおう、ミシガン州立である。

しかし二〇一七年の一般財源七四億ドル（約八一四〇億円）に占める州からの助成金、つまり税金は、一六％にすぎない。財源の約六割が税金を原資とする日本の公立大学の常識からすれば、驚くほど低い比率である。

実はミシガン大も、かつては日本と同様、主に税金で運営されていた。一九六〇年のデータを見ると、州からの助成金は一般財源の七八％を占めていた。それが国や州の政策により年々低下し続け、現在のような割合にまで下がったのである。

これはミシガン大だけでなく、全米の大学にいえる傾向だ。

その背景には、「保守主義」の隆盛と、「リベラリズム」の退潮がある。

保守やリベラルの定義にはいろいろあるが、アメリカにおける保守主義は「小さな政府」を志向し、自助努力、私有財産の保護、機会の平等を重視する。市場経済における自由な競争を奨励し、その結果貧富の差が生じ階級が固定されたとしても、それは受け入れるべきだと考える。その発想からすれば当然、学校や大学も市場で競争に晒《さら》されるべきだし、税金ではなく自助努力で運営されるべきだということになる。

それに対してアメリカのリベラリズムは「大きな政府」を志向し、機会の平等よりも結果の平等を重視する。市場経済における自由な競争は是とするが、その結果貧富の差が生じたら政府が介入して富の再分配をすべきだし、階級は固定されるべきではないと考える。その発想からすれば当然、学校や大学には充分な税金を投入し、授業料を低く抑え、誰もが高等教育を受けられるようにすべきだということになる。

寄付が支えるミシガン大学

アメリカでは伝統的に、この「保守」と「リベラル」のイデオロギーが対立し、振り子のごとく国の方向性が両極に振れてきた。そのため大統領選挙や議会選挙では、まるでシーソーゲームのごとく共和党(保守)が勝ったり、民主党(リベラル)が勝ったりしてきた。

しかしそれでも、ロナルド・レーガン共和党政権が誕生した八〇年代以降、全体的にはリベラリズムは保守主義に押され気味である。その結果、公立大学への税金の支出はどんどん削られてきたし、アメリカ国民の大多数は、そのことを事実上受け入れているのである（バーニー・サンダース人気のように、揺り戻しも見られるが）。

いずれにせよ、低下する公的助成の穴埋めをするために値上げせざるをえなくなったのは、授業料である。

今やミシガン大での授業料収入は、一般財源の七二％を占めるにいたった。

したがって当然、公立といえども授業料は高くなる。二〇一七年の授業料は、ミシガン州出身の学生でも一・二年生が年間一万四八二六ドル（約一六三万円）、三・四年生は一万六六九六ドル（約一八三万円）。州外出身の学生では、一・二年生が四万七四七六ドル（約五二二万円）、三・四年生は五万八〇八ドル（約五五八万円）と、桁外れに高額だ。

こうした高い授業料を払えるのは、当然、経済的余裕がある家庭に限られてしまう。

そこで重要になるのが、卒業生や企業からの寄付である。寄付を財源にさまざまな奨学金のプログラムを組み、優秀な学生や貧しい学生をサポートするのである。

実際、二〇一六〜二〇一七年にミシガン大が学生に与えた奨学金の総計は、約一〇億ドル（約一一〇〇億円）にのぼった。三万一二九六人の学生がその恩恵を受けているという。寄付金のおかげで、年収六万五〇〇〇ドル（約七一五万円）以下の家庭の州内の学生は、四年間授業が無料になるという制度も確立された。

アメリカでは、大学や美術館など基準を満たした公的施設や機関に寄付をすると、その分、税金が控除される仕組みになっている。そのため、とくに富裕層では寄付制度を活用する人が多い。

というのも、税金を納めてもその使い道を決めるのは政治家や官僚であり、納税者は直接コントロールすることができない。しかし寄付であれば、自分が応援したい施設に直接お金を渡すことができるからだ。ちなみに現在ミシガン大が実施中の寄付金集めキャンペーン「ヴィクターズ・フォー・ミシガン」では、すでに四三億三〇〇〇万ドル(約四七六三億円)が集まっている。中には三〇〇億円以上の大口の寄付者もいる。

興味深いのは、こうしたアメリカ独特のシステムが、「保守主義」と「リベラリズム」を折衷したもののようにもみえることである。つまり、お金の流れに政府が介在しないという意味では保守主義的だが、貧しい学生を放置せず、サポートを与えるという意味ではリベラルだ。要はアメリカ社会が左右のバランスを取ろうとして編み出してきた、苦肉の策なのではないか。

学長たちの訴え

さて、学長主催のパーティー会場に行ってみると、すでにマークがいた。パーティーでも僕手には一眼レフカメラを携えている。今日は彼も朝から撮影をしていて、パーティーと並行してカメラを回す予定なのだ。

会場へ続々と入場してくる、ミシガン大の卒業生たち。

その多くは中年かお年寄りである。全部で一〇〇〇人くらいはいるだろうか。

付属の厨房で料理されたフライドチキンやスープ、サラダ、ケーキ、フルーツなどがたくさん並んでいて、自由に食べることができる。

僕はその様子を手短かに撮った後、楽屋付近でマークと一緒にシュリッセル学長の到着を待つことにした。彼が着いたら、すぐにピンマイクをつけてもらう必要があるからだ。

するとまもなく、学長が楽屋に到着した。白髪混じりのあご髭をたくわえ、丸い眼鏡をかけている。スポーツイベントだからか服装はカジュアルで、「M」のマークが入った紺のトレーナーを着ている。マークがにわかに立ち上がり、緊張した面持ちで挨拶をする。そして僕を紹介してくれた。

学長の話を聴くパーティー出席者たち．

「ああ、映画の撮影ね」

学長はうなずいて、マイクをつけさせてくれた。マークは数週間前から学長室と撮影の交渉をしてきたのだ。

しかし学長の周囲は思いのほかガードが固い。僕が楽屋内でカメラを回そうとすると秘書らしき女性が、

「スピーチだけ」

と囁《ささや》いて制止してきた。僕は大人しくカメラを止めた。

しばらくして、イベントが始まった。

まずは学長のスピーチの前に、ボブ・ウッドという名の黒人男性が登壇。スピーチを始めた。

それまでざわついていた人々が席に着き、話に耳を傾ける。学長もステージの

横に出て、話を聴き始めた。

僕はさっそく手持ちでカメラを回し始めた。ゆっくりとボブの正面に回り込み、その流れで聴衆や学長にもカメラを振っていく。

「私は一九七六年に卒業したOBです。学長をご紹介する前に、私のエピソードを話させてください。私はオハイオ州で生まれましたが、それまで家族で大学に行った者はいなかった。しかし九歳のころ、父と一緒にテレビでオハイオ州立大学とミシガン大学の試合を見ながら、私はこう言ったのです。『お父さん、僕は大きくなったらミシガン大に入るよ。それでアメフトで優勝するんだ』。

その後私は、本当にミシガン大学に入学しました。両親にお金はなかったので、アルバイトをしながら、なんとか最初の学期の授業料を払いました。でも二学期目の授業料を払える見込みはなかったのです。ところがある日、大学の奨学金の事務所から電話で呼ばれました。そして二学期目からの学費の援助を受けることができ、無事に卒業することができたのです。

なぜこんな話をするかといえば、大学を支援するみなさんに感謝の思いを伝えたいからです。みなさんのおかげで、人々の人生が変わるのです。私の人生も変わりました」

極めて個人的な、説得力のある話である。

これから寄付の要請をする学長の前座としては最高だ。これで学長もスピーチがしやすくなっただろう。聴衆である卒業生たちも、どこか誇らし気だ。

そしていよいよ、学長の登壇である。

僕は手持ちカメラのまま聴衆の前にしゃがみ、学長を至近距離のローポジションからとらえた。

「みなさん、ミシガン大学へようこそ。海外からはるばる来た人も、隣町から来た人も、お帰りなさい。ボブがしてくれた話は、まさにミシガンらしいエピソードです。

今日は楽しい気分になりました。

いま大学アメフト・ランキングで全米第三位なのは、どこのチームでしょうか？（拍手）私たちの前に一位と二位がいるのは、彼らがまだ私たちと対戦していないからでしょう。

この秋はすばらしい一年生たちが入学しました。世界中から五万五〇〇〇人の学生が受験し、六〇〇〇人が入学しました。彼らの平均ＧＰＡ（成績評価指数）は、三・八四です。しかもその四分の一の学生は四・〇と、完璧な成績でした。

しかしさらに素晴らしいのは、学費の補助が必要な学生たちが、支援を受けられることです。

今年ミシガン大は奨学金の予算を一〇・八％も増やしました。この一〇年間のうち九年間は、一〇％以上増額しています。ミシガン州出身で奨学金を受ける学生の費用負担は、ここ一〇年で上がっていません。

それはすべて、みなさんのお陰なのです。

今年は凄い記録も作りました。

ミシガン大での研究予算は一三億九〇〇〇万ドル（約一五二九億円）に達し、全

マーク・シュリッセル学長.

米で二位になりました。去年よりも七％もの増額です。米国連邦政府からの助成金が増えない中、国立衛生研究所（NIH）からの助成金は六・五％アップ、全米科学財団（NSF）からの助成金は八％アップ、企業からの研究スポンサーシップは八・五％アップしました。

みなさんからのご支援は、学生たちがインターンシップやフェローシップの競争に勝ち抜いたり、留学したりするのを助けます。また、最高の教授陣から教育を受けたり、新しい研究プロジェクトに取り掛かったりするのを助けます。あるいはスポーツチームが優勝することを助けます。

旧友に会うため、美しいキャンパスを訪れるため、そしてウルヴァリンズが勝つのを観るため、ミシガン大に帰ってきてくださり、本当にありがとうございます。

みなさんの変わらぬご支援に心から感謝します。ゴー・ブルー！」

アメフトの成績に左右されうる大学の「経済」

僕は学長のスピーチを撮り終えた瞬間、それが極めて重要なシーンになることを直感した。もしかしたらこの場面は、映画の「ラスト」になるのではないか。

ちょっと興奮しながら、僕はマークにそう言った。しかし傍らで撮影していたマークは、あまりピンと来ていない様子だ。

「えっ、そう？　僕には寄付を呼びかける、テンプレ通りのスピーチに聞こえたけど……」

マークはおそらく、こうしたスピーチをこれまでに何度も、耳にタコができるほど聞いてきたのだろう。もしかしたら「またか」という気持ちで聞いていたのかもしれない。

しかし僕にとっては、ボブや学長のスピーチはとても興味深かった。のみならずそれは、ビッグハウスやアメフトがミシガン大で果たしている役割――世界中に散らばっているOB・OGの気持ちを母校につなぎとめる装置としての役割――を如実に示しているように思えた。

そしてその役割は、寄付を集める上で死活的に重要だと思うのだ。

実際、マークによれば、寄付の集まり具合はウルヴァリンズの対戦成績に大きく左右されるという。強いチームの方が応援のしがいもあるし、財布の紐も緩むからであろう。

そう考えると、監督のジム・ハーボー氏が巨額の年俸で迎えられる理由もよくわかる。大学の経済そのものがアメフトの成績に依存しているのであれば、勝つために金を積むのも生き残りを賭けた「投資」といえるのである。

そういう現実を受けて、最近では、

「アメフトチームの学生選手たちに給料が払われないのは、おかしいのではないか」

という議論もあるそうだ。

たしかにアマチュアスポーツとはいえ、彼らに期待されているのは「結果」である。しかもその結果が巨額のお金を生むというのであれば、なんらかの報酬が与えられないのは不公平にも思える。

しかし選手たちに報酬を払い始めたら、それこそプロとの境界線がなくなってしまう。

それで果たしてよいものなのかどうか。とても難しい問題である。

アメフトはミシガン大のドル箱

学長のパーティーを撮り終えた僕は、次は何を撮ろうかと考えながら、スタジアム内をぶらついてみた。

コンコースには、人が溢れかえっている。ホットドッグやポップコーン、炭酸飲料などを売る売店に行列ができているのである。

値段表には、

「炭酸飲料　五ドル(約五五〇円)」

「ホットドッグと炭酸飲料の〝Mセット〟一三ドル(約一四三〇円)」

などと書かれている。かなり高い。それでも飛ぶように売れている。

ここでの売り上げも、大学にとって馬鹿にできない収入になるであろう。僕はその様子をカメラに収めた。

ちなみに、試合のチケットの値段は、対戦相手や席によって異なる。

二〇一六年は南フロリダ戦が最も安く、五五ドル(約六〇五〇円)から七五ドル(約八二五〇円)であった。逆に最も高かったのはウィスコンシン戦で、九九ドル(約一万八九〇円)から一三〇ドル(約一万四三〇〇円)である。

みんなが見たがる試合は高くなるという、市場原理に基づいた値段設定といえるであろう。

ただし、ミシガン大で学ぶ学生用のチケットは二五ドル(約二七五〇円)と安い。

なお、二〇一八年度の予算表を見ると、ビッグハウスでのチケット収入は約四〇一七万ドル(約四四億一八〇〇万円)を見込んでいる。ミシガン大でアメフトの次に人気があるのは男子バスケットボールだが、そのチケット収入が四〇〇万ドル(約四億四〇〇〇万円)。アメフトの一〇分の一である。

アメフトは文字通りドル箱なのである。

ミシガン大学体育部の二〇一八年の全体予算は、一億八二四三万ドル(約二〇〇億円)である。そのうちビッグテン・ネットワークからの放映権料は五一〇六万ドル(約五六億一六〇〇万円)、企業スポンサー料は一七八二万ドル(約一九億六〇〇〇万円)、VIPスイート収入は三七四七万ドル(約四一億二〇〇〇万円)、グッズなどのライセンス料は八五九万ドル(約九億四五〇〇万円)を見込んでいる。

体育部予算の収入源には、学生たちが納める授業料などは入っていない。要は体育部とは、大学から独立したビジネスであると言ってよい。

日本のプロ野球球団の平均売上は、年間一二五億円だと言われている。大学アメフトがいかに巨大なビジネスであるか、わかるであろう。

人々を引きつける巨大な磁石

イリノイ戦の試合は、41対８と大差がついた。

そのため後半に入ると、観客が帰り始めた。僕は帰途につく客たちの様子を撮ろうと思い、スタジアムのゲート付近へ移動した。

するとすぐに目についたのは、群れをなして帰る客を目当てに、モノを売っている人々である。

親子だろうか、黒人の二人組が「M & M's」というチョコレート・キャンディーを売っているのが目についた。男の子は一〇歳くらい。保護者らしい中年の男性は、男の子に「あいつに声をかけろ」などと標的を耳打ちするだけで、自分では売らない。男の子は男性の指示を受け、ビッグハウスから出てくる人をめがけて近寄っては、

「チョコはいりませんか？」

と声をかける。

だが、ほとんどの人は無視して通り過ぎていく。なんだか心に引っ掛かる光景だ。

そこで思い切って、

「ビッグハウスについてのドキュメンタリー映画を撮っているのですが、あなた方を撮影してもいいですか？」

と聞いてみた。すると男性が「いいですよ」と言うので、カメラを回し始めた。

一〇分くらい回しただろうか。

男性が「あの男だ、あの女だ」とアタック先を指示し、男の子が駆け寄るのだが、チョコはまったく売れない。撮りながら、この二人はいったいどういう境遇の、どういう関係なのだろ

うと疑問を抱いた。

同時に考えさせられたのは、学生たちも指摘していた「人種」や「階級」の問題である。高いチケット代を払って試合を楽しんでいるのは、主に白人である。彼らは五ドルもするコーラやミネラルウォーターを、行列を作って買うような人々だ。

その人たちを目当てに、ビッグハウスのすぐ外で黒人やヒスパニックなどの人々が、チョコやTシャツなどを売っている。

いや、ビッグハウスの外にいるのは「物売り」だけではない。

よく見ると、客の流れとは無関係な方向に動いている人々の姿に気づかされる。彼らは大きなショッピングカートに、空き瓶やペットボトルをぎっしりと詰めて歩いている。試合で出た大量の資源ゴミをゴミ箱から拾い出し、集めているのだ(上)。

ミシガン州では、空き瓶などをリサイクルすると一個につき一〇セント(約一一円)になる。だからそれを集めれば収入になりうるのである。

ビッグハウスは、大勢の人々を引きつける巨大な磁石のような存在だ。しかし引きつけられる理由は、人によって実にさまざまだ。その多様な様相を丸ごと描ければ、「アメリカ」が描けるのではないか。

僕はそういう確信を深めていった。

明くる朝は、例によって重度の筋肉痛である。歩くのも辛い。そろそろ無理のきかない年齢にさしかかっているのだろうか。

授業では、撮ったばかりのイリノイ戦の素材やラフカットの試写を続けていった。

学生たちの「収穫」

ケイティとオードリーのチームは、これからビッグハウスに向かう客で賑わう「Mデン」の店内を撮影していた。「Mデン」とは先述したように、ミシガン大学体育部のグッズを専門に売るお店である(上)。

彼らは店内の熱気をとてもよくとらえていた。老若男女、子どもや犬までが(!)、ミシガン大グッズに親しんでいる様子が窺える。大学スポーツと「消費社会」が一体化していることがよくわかる。

彼女らがMデンのすぐ外で、試合のチケットを転売する「ダフ屋」の男性に話を聞いたシーンも面白かった。男性は「自転車で市内を回って売るんだ」と答えるのだが、後で彼が本当に自転車に乗って売り歩いている姿も偶然とらえていて、シーンとして出来がよい。

また、二人は「ボンゴマン」ことナルー・ランプキンも撮影していた。ボンゴマンは八〇年代からミシガン大の試合日にパフォーマンスを続けている、地元では有名なストリート・パフォーマーである。太鼓を叩きながら、道ゆく人を即興でネタにして、ユーモアと皮肉たっぷりに歌う。クラスでの試写では、大爆笑が起きた。

ケヴィンは、空き缶集めをする人々を撮っていた。スタジアムの外を歩いているときに、目についたから撮影したのだという。また彼は、スタジアム内の「無料給水所」のすぐ脇で、水のペットボトルが四・五ドル(約四九五円)で売られる様子も撮影していた。水は無料で手に入るのに、四・五ドルも出して買う人がいる。その現象が不思議で不条理に思えたから撮ったのだそうだ。彼はなかなか鋭い観察眼を持っている。

ブリティは、ビッグハウスへ向かう文学科学芸術学部(LSA)の学部長、アンドリュー・マーティンに密着していた。LSAはミシガン大でも最大の学部である。その長であるマーティン学部長は、アカデミアの世界ではスター的存在だ。

その学部長が、七、八歳だろうか、ブロンドの可愛らしい娘さんと手をつないで、一緒にスタジアムへ歩いていく。父と娘が心を通わせる、ほのぼのとした場面である。

ところがブリティがカメラを回しながら学部長らを後ろから追いかけていくと、アイロニカルな場面を偶然とらえてしまった。父と娘が一瞬、チョコを売る一人の黒人少年とすれ違ったのである。

「チョコはいりませんか?」

少年が画面に登場し、そのセリフを発したのはほんの一瞬だ。一秒もないかもしれない。しかしその途端、映像を観ていた学生たちからは、大きなため息が漏れた。

少年はたぶん、学部長の娘さんと同じくらいの年齢である。

しかし二人の境遇は、あまりにもかけ離れている。

人種と階級のテーマが、否応なく提示される。

ドキュメンタリーのカメラには、偶然、思いもかけぬものが写り込むものである。

ジョン・U・ベーコンを巡る波紋

一方ヴェサルは、ジョン・U・ベーコンという地元の有名人に密着していた。

ミシガン大出身のベーコンは、スポーツについての本を何冊も書いていて、テレビではコメンテーターも務める。ウルヴァリンズについての本も出していて、Mデンには彼の本が平積みされている。そういう人だ。

ヴェサルが撮った映像を見ていると、ベーコンはアナーバー市内をちょっと歩くだけで、四方八方から次々に声を掛けられ、写真撮影を頼まれたりする。

大変な人気者だ。

アナーバーにはミシガン大の学生たちが集う「リックス」という悪名高いクラブがあるのだが、その裏話が飛び出したりして面白い。ヴェサルも撮影の成果には満足そうで、笑い声を上げるクラスメイトたちの反応にニコニコ顔だ。

ところがテリーが何気なく放った一言が、ヴェサルの顔色をさっと変えた。

「でも、ジョン・U・ベーコンはトランプ支持者かも」

テリーいわく、先日ベーコンと道端で出くわした際、一一月八日に迫る大統領選挙の話になった。そこでベーコンが、こう発言したのだという。

「“our guys(俺たちの奴ら)”が勝てばいいんだが」

テリーは「our guys」が意味するのは、トランプと副大統領候補のマイク・ペンスだと解釈した。そして内心大きな衝撃を受け、口をつぐんでしまった。テリーはトランプを心底軽蔑していたからである。

ジョン・U・ベーコン(左から2人目).

ちなみに、「guy」という言葉は、基本的には男のことを指す。「Hey, guys(やあ、みんな!)」のように複数形で使う場合には男女を問わずに使えるが、「our guys」という言い方の場合、男性を指すと解釈するのが自然だ。少なくとも、ヒラリーとティム・ケイン副大統領候補を指すようには聞こえにくい。

したがって、テリーがベーコンをトランプ支持者だと解釈したのは仕方がないのだが、これが予想外の波紋を呼んだ。

「ベーコンの映像を映画に使うのは嫌だ」

ヴェサルがそう、言い出したのである。

ヴェサルはペルシャとドイツの血を引く母と、アフリカとアメリカ先住民の血を引く父を持つアメリカ人である。母の影響で、イランでは迫害の対象となっているバハーイ教を信仰している。社会派で政治に関心が高く、人種や宗教の問題には人一倍敏感だ。中東の人々に対する差別心や敵対心を煽るドナルド・トランプは、彼にとっては仇《かたき》のような存在である。

「もしベーコンがトランプを支持しているのであれば、彼の名前や存在を広めることに加担するのは嫌です。僕の良心が許しません」

そう訴えるヴェサルの顔からは、笑顔がすっかり消えていた。

「なるほど、ヴェサルがそういう気持ちだということはわかった。でも、ジョン・U・ベーコンが本当にトランプ支持者かどうかは、わからないのでは。まずは確かめた方がいいよね」

僕にはそう答えるのが精一杯だった。

なぜなら僕自身、ヴェサルの問題提起について、どう判断してよいか揺れていたからである。ドキュメンタリーの作り手、とくに観察映画の作り手の仕事は、被写体を「裁く」ことではない。私たちの仕事は、目の前の世界を自分の視点で描写することであり、誰かを称揚したり、告発したりすることではない。

そういう意味では、ヴェサルの主張には素直にうなずくことはできない。ベーコンを被写体として描いたからといって、それは必ずしも彼に加担することを意味しないからだ。

例えば、拙作『選挙』は自民党候補者の選挙運動を描いた映画だが、自民党を応援する映画ではない。かといってこき下ろす映画でもない。むろん僕自身には自民党に対する個人的意見があるが、それを主張するために映画を作ったわけではない。映画を観て何を感じ何を思うかは、観客一人ひとりに委ねたいと思ったのだ。そしてベーコンの映像についても、ヴェサルは本来、『選挙』で僕が取ったスタンスと同じような立場を取れるはずなのである。

しかしヴェサルがこれまでに撮った映像では、ベーコンの気さくな人柄やユーモアのセンスが強調されていて、おおむね「いい人そう」に見えることは事実だ。ベーコンに今後長い期間をかけて密着すれば、彼のさまざまな側面を多角的に描くことができるのかもしれないが、たぶん彼を再び撮影する機会はない。そういう意味では、今のままではたしかにヴェサルはベーコンに「加担」することになるかもしれないのだ。

そう考えた僕は、しばらく頭を悩ませていた。

ところが、そんなことはそもそも心配無用であったことが、後で発覚した。マークがベーコンの親しい友人に確かめたところ、彼は民主党のアクティブな活動家であることがわかったのである。

「ジョンがトランプ支持者？　ありえない！」

そう、一笑にふされたそうだ。

であるならば、ベーコンはなぜヒラリーたちを指して「our guys」などという言葉を使ったのか。

真相は闇の中だが、マークは「体育会系特有のセンスだろう」と分析していた。いずれにせよ、こうして「ジョン・U・ベーコン問題」はあっさりと解決したのである。

誤解とはつくづく恐ろしい。

第5章 トランプのアメリカ

「VIPスイート」が象徴するもの

クラス内で試写を続けていると、映画を構成するために必要な素材はだいたい揃ってきたように感じられた。

学生たちにそう言うと、

「ええっ？　本当ですか？」

と不思議そうな顔をする学生が多かったが、僕にはそういう確かな感触があった。

これは二〇年近くドキュメンタリーを作り続けてきた人間としての勘なのであろう。なぜそう感じるのかは、うまく言葉にすることができない。

とはいえ、まだまだ足りない素材があることも明らかだ。

一一月五日に予定されているメリーランド戦では、不足しているものを中心に拾い上げていくことが必要であろう。そこで学生たちには、次のように言った。

「まず、決定的に足りないのは、スタジアムやアナーバー市の実景です。今度の撮影では三脚を使って、構造物としてのスタジアムや街の風景を撮るように心がけてください。あと、やっぱりＶＩＰスイートはちゃんと撮る必要があるね。これだけ〝階級〟のテーマが浮き上がってきたのだから」

授業の中では、チョコ売りの少年や空き缶集めの人々の映像がきっかけとなり、「人種」や「階級」についての議論が再燃していた。それは当然、映画の重要な柱のひとつになっていくであろう。

であるならば、ビッグハウスにおける「階級」の象徴的存在であるＶＩＰスイートも、きちんと撮っておく必要がある。

実はビッグハウスにＶＩＰスイートが作られたのは、二〇一〇年。ごく最近のことだ。それまではすべての席がベンチ席で、ＶＩＰ用の高価な席は用意されていなかった。ミシガン・ファンは、みんな平等にベンチ席で試合を楽しんでいたのである。ある意味で非常に民主的なありかただ。

そのため、報道席やＶＩＰ席を建設する構想が立ち上がった際には、学生や卒業生、教職員などから反対の声が上がったという。マークによると、学内外でかなり大きな議論になったそうだ。というより、実は今でもかなり繊細な問題らしい。

そのせいもあって、ＶＩＰスイートを撮る許可は、今のところ体育部から下りていなかった。マークはこれまで、さまざまなルートを使って許可を得ようと試みてきたが、ＶＩＰのプライバシーの問題などを理由に、曖昧な返事しかもらえていないのである。

しかしこのまま大人しく諦めるわけにはいかない。僕はマークにこう尋ねた。

「今度の試合の日、VIP席にカメラを持って行ってみて、その場で利用者本人と直接交渉しちゃダメかな。もしVIPご本人が撮影許可をくれるなら、撮っても問題ないんじゃない？」

マークはしばらく深く考え込んだあと、こう答えた。

「うん、やってみていいと思うよ」

「寄付」としてのVIPスイート

結論から言うと、この作戦は功を奏した。

メリーランド戦の最中、僕はカメラを持ってVIPスイート専用のエレベーターに乗り込んだ。目指すVIP席は六階にある。

エレベーターを降りて廊下を歩いていると、裕福そうな人たちと次々にすれ違う。外はかなり寒いが、ここは暖房が効いている。みんな上着も着ずに軽装だ。

各スイートには一二の座席が備わっていて、最大一六人が観戦できる。

スイートの入り口には借り主の表札が掲げられている。ざっと見たところ、大企業の名前も多い。大事なお客の接待などで使うのだろう。

そんな中、「ジョンソン家」という表札がついたスイートが目に止まった。

入口のドアを開けたまま、楽しそうに観戦している。中から女性が出てきたので、思い切って声をかけた。

「すみません、ミシガン大学のクラスのプロジェクトでビッグハウスのドキュメンタリー映画を作っているのですが、スイートの中の様子を撮影させていただくことは可能でしょうか」

「あら、そうですか。部屋の主に聞いてみますね」

どうやら女性はゲストの一人らしい。彼女は部屋に戻り、借り主に尋ねてくれた。そしてしばらくして、廊下にいる僕のところへ朗報を届けにきてくれた。

VIP スイート.

「撮っていいそうですよ」

ありがたい。僕はさっそく中へ入ると、そこにいる十数人の人たちに大きな声で自己紹介をし、改めて撮影許可を求めた。誰からも異論はない。そこでさっそく、カメラを回し始めた。

スイートの前面はガラス張りになっていて、スタジアムを一望に見下ろすことができる。一二席ある座席は、ふかふかして心地好さそうだ。後方にはキッチンがあり、ショーンやサリカが撮影した巨大な厨房で作られたバーベキューやサラダやスープが並んでいる。

スイートの中でも、ミシガン・ファンがすることは「外」と同じだ。

味方に点が入れば手を叩いて喜び、応援歌「ザ・ヴィクターズ」を歌う。

正直、ガラスで隔てられているのでスタジアムとの一体感は感じにくいし、臨場感には乏しいが。

僕は応援の様子を一通り撮り終えると、カメラを回しながら借り主のジョンソンさんに話を聞いた。優しそうな白人の紳士である。傍らでは彼の妻がニコニコしている。

「私は七〇年代にミシガン大でアメフトの選手だったんですよ。そこにいる妻とは大学の寮で知り合い結婚しました。子供たち三人もミシガン大に通いました」

なるほど、単なるお金持ちではないようだ。ミシガン大に対する愛情が感じられる。

「この部屋を借りるのに、いくらくらいかかるんですか」

「たいていの人にとっては、驚くような金額です。でも大学を愛し、どのみち寄付をするのであれば、こんなに嬉しい特典はありません」

値段についてははぐらかされてしまったが、面白い話が聞けたと思う。

ミシガン大の公式サイトによると、スイートの年間使用料は「六万一〇〇〇ドル（約六七一万円）から」となっている。ビッグハウスでは年間六〜八試合くらいしかないことを考えれば、相当高額だ。

ただしそれは料金というよりも、寄付の一種として位置づけられている。実際、支払った額の八割は税金の控除を受けられる。だからこそジョンソンさんも、スイートを寄付についてきた「特典」と呼んだのであろう。

こう見てくると、VIPスイートが「階級」の存在を示すものであることは確かである。しかしそれは同時に、経済的に余裕のある人から寄付をひきつけ、余裕のない人に分配する装置としても機能しているといえるだろう。

不意に現れたトランプの影

メリーランド戦では、ほかにも思わぬ収穫があった。

応援する大観衆を観客席の三階の端の方で撮っていると、サイレンのような音が聞こえる。カメラを下へ振ってみると、階下を医療班のカートが走行し、僕のすぐ下のあたりで止まった。見覚えのある医療班の人たちがカートから移動用ベッドを取り出し、スタジアムの中へ入っていく。急病人が出たのだろう。

間もなくして、医療班の人たちはベッドに中年男性を乗せて戻ってきた。

男性にズームインしてみるが、向こうを向いているので顔は見えない。しかし服に大量の嘔吐物がかかっているので、泥酔者であろう。医療班は男性をベッドごとカートに乗せると、再びサイレンを鳴らして去っていった。

カートがフレームアウトすると、僕はそのままカメラを観客席に振り上げた。

すると観客のうち数人が、サイレンが鳴った理由をつきとめようとキョロキョロしている。しかしそれもつかの間、彼らは応援に戻った。

僕はそのまま、カメラを右方向へ、スタジアム外にゆっくりとパンしていった。その先には道路が見える。そしてその道路には偶然、一台の風変わりな巨大な「山車」が通りかかろうとしていた。

大きな文字で、

「Trump（トランプ）」

「Make America Great Again（偉大なアメリカを再び）」

「Build the Wall（壁を作れ）」

などと書いてある。

ドナルド・トランプの宣伝用の山車である（上）。

山車はスタジアムのすぐ横を通り過ぎていく。しかしスタジアムの大観衆はそれにはまったく気づくことなく、相変わらず試合に熱中していた。

パンとサーカス

この一連のショットは、撮った瞬間、映画全体にとって重要なものになるだろうと予感した。ビッグハウスで、いや、アメリカで起きつつあることを、不気味なまでに暗喩《あんゆ》していると思ったからだ。

あらゆるスポーツイベントにいえることだが、観客にとって試合観戦は「娯楽」である。彼らはひいきのチームを応援することによって一体感や興奮に酔いしれ、擬似的な「戦争」を楽しむ。

古代ローマのコロシアムの例を引くまでもなく、人間にはまぎれもなく、戦いを「楽しい」と感じる性質が備わっている。それは決して人間の美点とはいえまい。だが、本物の戦争や殺し合いの代わりにスポーツを楽しむのであれば、むしろ罪のない代償行動ともいえるだろう。

しかし僕が撮影した一連のシーンは、スポーツ観戦が内包するひとつの「問題」を端的に示していた。

それはつまり、スポーツに夢中になっている間、人々はスタジアムのすぐ外で起きている現実――急病人が運ばれたり、トランプの宣伝カーが通り過ぎたりする現実――には、見事なまでに気づかないということである。そして彼らが気づくと気づかぬとにかかわらず、それらの出来事は実際に起きているということだ。

いや、ここでスポーツだけを引き合いに出すのは公平とはいえないだろう。

僕が愛する「映画」にも、同じような問題がある。映画には芸術的側面もあるが、娯楽としての側面もある。人々はある意味、日々の現実から切り離され逃避するために、映画館の暗闇へと向かう。そしてスクリーンに映し出される「恋愛」や「戦争」や「冒険」に没頭し、生身の現実を忘れようとする。しかし映画館の外側では、本当の戦争が始まろうとしているかもしれないのだ。

もちろん僕は、娯楽を悪いことだと断罪したいのではない。生きることは大変だ。私たちには逃避も必要である。

しかし私たちが娯楽や気晴らしにうつつを抜かし、世の中の動きに充分な注意を払わぬうちに、何か重大で取り返しのつかぬことが進行することもある。

いや、古代ローマの詩人ユウェナリスが「パンとサーカス」という言葉で喝破《かっぱ》したように、政治家たちはむしろ、人々が娯楽に興じて政治に「無関心」でいることを、望んでさえいるの

ではないか――。

そんなことを漠然と考えながら、僕はビッグハウスでの撮影を終えた。そして市の中心部まで徒歩で移動し、ブルーとメイズの服装の人々で溢れる夜のストリートを撮影することにした。観客たちの気晴らしは、試合の後も夜更けまで続くのだ。

メイン通りの交差点では、キリスト教福音派の勧誘者が大きな声で「説教」をしていた(上)。

「あなたがたは、『私は罪など犯していない』と言うかもしれない。しかし本当だろうか? 私が作った〝罪リスト〟を見よ。ここに挙げられた罪をひとつも犯していない人間なんて、いないだろう? 私はここに挙げたすべてを犯してきた。全能なる神の前では、すべての人間は罪人なのである!」

〝罪リスト〟を見ると、「不貞」「嘘」「嫉妬」「偽善」「ポルノグラフィー」などの他に、「殺人」だの「虐待」だの「SM」だの「獣姦」だの「魔術」だのが挙げられている。だが、「無関心」という罪は見当たらない。

それにしても、「私はここに挙げたすべてを犯してきた」と力説する説教者は、いったいどんな人生を歩んできたのだろう?

空を見上げると、きれいな三日月が浮かんでいた。

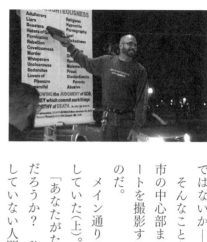

佳境を迎える大統領選挙

一方、ドナルド・トランプとヒラリー・クリントンの大統領選挙は、佳境を迎えていた。ミシガン大学からは教職員等による政治活動についてのガイドラインが示され、僕のところにもメールが来た。

先述したように、ミシガン大学は州立である。しかしミシガン州の法律にのっとったガイドラインは、教職員による私的な時間やリソースを使った政治活動を禁じていない。禁じているのは、大学の公的なリソースや組織や名前を使った政治活動のみである。

私的な時間やリソースを使ってやってよい活動としては、

・候補者等へ寄付したり、
・ボランティアとして手紙を書いたり電話をかけたり戸別訪問したり、
・演説会や集会に参加したり組織したり、
・新聞などに特定の候補者を支援・批判する記事を書いたり、
・特定の候補者を支援・批判するためにディベートに参加したり、
・候補者などに関する意見を政治家に送ったり、
・集会のためにキャンパスの会場を借りたり(ただし寄付集めに使うのは禁止)すること

などである。つまり、私的にやるのであれば、ほぼ何でもやってよい。

それが「市民」としての権利なのだから、当たり前のことだと思う。

授業では僕の『選挙』(二〇〇七年)や、ビル・クリントンの選挙戦の参謀たちを描いた『クリントンを大統領にした男』(一九九三年、D・A・ペネベイカー、クリス・ヘッジダス監督)を鑑賞し、選挙やデモクラシーについての議論を行った。

もちろん僕ら教師陣は、「今度の選挙ではクリントンに入れよう」などと学生たちに言うわけではない。授業は大学の公的な活動だからである。

当時のクリントンは、あらゆる世論調査でトランプをわずかながらリードしていた。接戦とはいえ、よほどのことがない限り、彼女の勝利は動かし難いように見えた。

実際、リベラル派が圧倒的に多いアナーバーに住んでいると、二人が接戦を繰り広げていることすらピンと来にくい。周りにはトランプ支持者など、ほとんどいない。街を歩いていても、トランプのポスターは一枚も見ない。代わりに目立つのは、

「One Human Family　We support our Muslim and refugee neighbours.(人類はひとつの家族。私たちはムスリムや難民を応援します)」

と書かれた看板だ。

これは明らかに、トランプによるイスラム差別発言を意識したメッセージである。この看板があちらこちらの家の庭に立ち、静かに「主張」しているのである。

しかし一〇月二八日、FBIのコミー長官が「クリントン氏のメール事件の捜査を再開した」と米国議会に通知したことで、事態は流動化した。選挙を一一日後に控えての、まさかのメール問題の再燃である。

つまり「よほどのこと」が起きたのだ。
選挙まで日がないだけに、どれだけダメージを回復できるのか心配になった。

突然ミシガン入りしたオバマ大統領

さらに気になったのは、投票日の前日となる一一月七日、急遽《きゅうきょ》、バラク・オバマ大統領がミシガン入りすることになったとの情報である。我がミシガン大学にも来て、応援演説をするのだという。

クリントンはミシガン州では安泰だと言われているのに、いったいなぜ……？　そんなに危ないのだろうか……？

不安を感じたが、ヴェサルは大統領が来ると聞いて張り切っていた。のみならず、応援演説を撮影したいから、ぜひ一緒に来てほしいと僕に頼んできた。

学生が自らやる気になっているのは応援したい。僕は一緒に行くことを請け負った。

プレス用パス.

会場となるミシガン大の野球場に着くと、長蛇の列ができている。下手をすると列は二、三キロはあるのではないか。この列に並んだら最後、いつ会場に入れるのかわからない。

しかしヴェサルは、首尾よく報道用の撮影許可を二人分、取ってくれていた。報道関係者用の入り口は別にあって、僕らは入念な身体検査を受けて入場を許可された。

その場で渡された六角形のプレス用パスには、「White House Press Pool(ホワイトハウス・報道陣)」「Property of U. S. Government(米国政府の所有物)」と書かれている。大統領による演説なので、僕らの身分は「ホワイトハウスを取材する報道関係者」という位置づけなのである。

そのことに少なからず驚いた。

というのも、ヴェサルがパスを申請したのは昨日である。つまりホワイトハウスは、二四時間以内に僕やヴェサルにパスを出したのだ。

その迅速さと開放性にはびっくりさせられる。残念ながら、日本の首相官邸には絶対に期待できないことだろう。

「メディア映え」する仕掛け

僕とヴェサルは、報道関係者用のエリアに三脚を置き、まずは自分たちの場所を確保した。

報道エリアは周囲よりも一段高くなっていて、観衆の頭に遮られることなく、演説者を正面からとらえることができるようになっている。そこにテレビクルーやスチールカメラパーソン

オバマ大統領応援演説会場の様子．一番左がヴェサル．遠くの屋根の上にスナイパーが見える．

が続々と到着し、取材の準備を整える。中にはすでにカメラの前で中継を始めるレポーターもいた。

球場の観客席の屋根には、よく見るとスナイパーが五、六人いて警戒している。

驚いたのは、ジョシュ・アーネスト米大統領報道官までもが報道エリアにやってきて、レポーターのインタビューを受け始めたことだ。日本でいえば官房長官がふらりと首相の演説会場にやってきて、テレビの前で質問に答えるような感じである。彼らにとって報道陣は「自分たちの活動や主張を国民に届けてくれる人々」という位置づけであり、大切に対応すべき存在なのだろう。

それは会場のセットアップにもよく表れていた。

会場には屋根はなく、天気は快晴だ。十分すぎるほどの光に溢れている。

にもかかわらず、報道エリアの後方には、映画の撮影で使うような巨大なライトが六機も設置され、演台に向かって光を当てている。たしかにこうすると、大統領の顔に正面からの光が足されるので、テレビ映りや写真写りが格段によくなる。逆にいうと、六機のライトは会場にいる人が肉眼で見る分には必要ないわけで、マスメディア用に設けられたものだということができよう。

思えば、ここに集まって演説を聞く人間はせいぜい一万人くらいだろうが、マスメディアに乗ればその数は数百万人以上になりうる。そういう意味では会場にいる聴衆は「盛り上がっている演説会場」というイメージの演出に必要なエキストラのようなものである。そして演説の本当のターゲットは、「テレビの前にいる大多数の人々」なのだ。

そう考えると、アメリカの選挙演説で演説者の背後にも聴衆が配置される理由がよくわかる。演説者の背後に大勢の人がいた方が、テレビや写真映えすることは間違いないからである。

思い出したのは、僕がテレビ・ディレクターをしていた時代に、ジョージ・W・ブッシュ大統領(当時)の牧場と邸宅があるテキサス州クローフォードへ撮影に行ったときのことだ。

僕らはブッシュの邸宅の画を撮りに行ったのだが、地元の人に聞いてもその所在地がわからない。代わりに紹介されたのが、報道陣が中継に使っている場所だった。

レポーターたちが立つ場所のバックグラウンドには、なんと干し草や家などのセットが建てられている。当時のテレビでは、「クローフォードからの中継です」と言って政治状況をレポートするニュース番組をよく見かけたのだが、僕はうかつにも、後ろに見えるのはブッシュの邸宅や牧場だと思い込んでいた。しかしあれはすべて、このチープなセットで撮られたものだったのだ。

セキュリティ上の理由でそうなったのだろうが、僕には衝撃的だった。テレビ・ニュースの背景さえ作り込まれる時代に、私たちは生きているのである。

「ハロー、ミシガン！　ゴー・ブルー！」

話を元に戻そう。

今日の演説会のトリは、言うまでもなくオバマ大統領である。

その「前座」として、地元の議員や有力者たちが次々に演説をしていった。ヒラリー・クリントンの娘、チェルシー・クリントンも演説をし、場を盛り上げていった。

しかしチェルシーの登場と同じくらい会場が沸いたのは、観客席に一人の男がお忍びで入場した際のことである。名前のアナウンスもないのに「わっ！」という歓声とともに拍手が湧いたので誰かと思えば、それはウルヴァリンズの監督、ジム・ハーボーであった。彼はやはり、地元のスーパースターなのである。それにしても、彼も民主党支持者だったのか。

さて、いよいよ、オバマ大統領の登場である。彼は次のように言って、演説の口火を切った。

「ハロー、ミシガン！　ゴー・ブルー！　アナーバーのみなさんは、最近気分がいいはずです」

ここで観客がドッと笑う。

「気分がいいはず」というのは、ウルヴァリンズがいまだ全勝で快進撃を続けていることを指していることは明らかだ。その言葉ひとつで、オバマがミシガン人の心をギュッとつかんだことは間違いない。アメリカの政治家は、こういうテクニックにとても長けている。

しかしオバマの演説には、テクニックだけではない、人の心を打つものがある。今回の演説も、厳しい政治状況を踏まえつつも、前向きなメッセージに溢れていた。

「明日の選挙で、みなさんは選択することになります。この進歩の旅を続けていくのか、やめてしまうのか。明日、みなさんは選択することができます。非難と分断と鬱憤《うっぷん》の政治か、〝一緒なら強くなれる〟という政治か」

聴衆はオバマの力強い言葉に熱狂した。

僕には米国の永住権はあるが、市民権はない。だから選挙で投票はできない。

そのことが歯がゆく感じられた。

ビフのモデルにもなったドナルド・トランプ

映画『バック・トゥ・ザ・フューチャー2』(一九八九年、ロバート・ゼメキス監督)に、「ビフ・タネン」という名の大富豪が登場するのを覚えているだろうか。

彼は主人公のマーティー(マイケル・J・フォックス)から奪った本を使って競馬などで大儲けし、政治家たちを買収して賭博を合法化させ、巨大なカジノを建設する。そのため、閑静な住宅街だったヒル・バレーは荒廃し、暴力が横行するディストピアに変貌してしまう。典型的な悪役である。

そのビフのモデルとなったのが、不動産王のドナルド・トランプである。

今回の大統領選挙は、あのトランプが共和党の大統領候補になったという事実だけでも、極めて衝撃的だった。

僕にとってアメリカとは、腐っても近代的デモクラシーの老舗であり、日本のデモクラシーについて考えたりする上でも、ある意味でお手本的な存在であった。

そんなアメリカの政治が、ひとりの扇動政治家の出現によっていとも簡単に混乱させられ、「衆愚政治」としか呼びようのない状態に陥っていく。

その光景に、質の悪いホラー映画かリアリティ・テレビを見ているような非現実的な感覚と、「アメリカよ、お前もか！」

という落胆を覚えながら、選挙戦を見守ってきた。

特筆すべきは、暴言や失言といった、普通なら「政治的自殺行為」と呼ばれる行為に対する、トランプの不思議なまでの耐性である。

周知の通り、アメリカの大統領選挙は予備選挙も入れると約一年間にも及ぶ。

その長い過程の中で、これまで候補者にとってひとつの重要なポイントになってきたのが、「失言しない」ということである。なぜなら失言をすれば、すぐにメディアやライバルから厳しく批判され、支持率を下げる要因になるからだ。

ところが、トランプの場合はこの「法則」がまったく当てはまらない。

彼は出馬以後、数多くの暴言を吐いてきた。

例えば、「メキシコ人は麻薬や犯罪を持ち込む強姦犯だ」という民族差別発言。

例えば、「イスラム教徒は入国禁止にすべき」という宗教差別声明。

例えば、「ヒラリーが夫を満足させられないなら、どうしてアメリカを満足させられるというのか」という女性蔑視ツイート。

通常の候補者であるならば、このうちの一つの暴言だけでも大きなダメージになり、レースから脱落する要因になりうるだろう。

実際、彼が暴言を吐くたびに、メディアやライバルたちは一斉に非難した。メキシコ人やイスラム教徒に関する暴言では、外国の要人たちからさえブーイングが聞こえた。メディアや政界は、彼の暴言を黙認したわけではないのである。

ところが共和党の支持者は違った。彼らはトランプの暴言を不問に付し、むしろ拍手喝采した。トランプは、暴言によって共和党員の間で支持率を下げるどころか、逆に高めてしまった。

僕は四半世紀近くアメリカに住んでいるが、こんな事態は見たことがない。

多民族国家であるアメリカでは、民族差別や宗教差別はタブー中のタブーである。女性差別にも厳しい。そうした差別意識を表に出してしまったら最後、その人物は真面目な公の舞台からは退場するしかない。それは「保守」だろうが「リベラル」だろうが関係ない。イデオロギー以前の問題だからだ。

それが僕の知る「アメリカ」だった。

だが、トランプにはその常識が通用しない。

イデオロギー以前の問題

それだけではない。トランプが口にする政策が、コロコロ変わることについても同様のことが言える。

アメリカ人は、言うことが変わる政治家を「flip-flopper（ペラペラなビーチサンダル）」と呼んで忌み嫌う。それはその人に主体性や一貫性がないことを意味し、したがって政治家として信頼できないと見なされる。

そのため、ライバルやメディアは候補者たちの発言を注意深くウォッチしていて、彼らが過去の発言と矛盾することを言うと、すかさず批判するのが常である。

二〇一二年の大統領選挙では、共和党のミット・ロムニー候補がその典型的な「餌食」になった。彼は人工妊娠中絶や国民健康保険制度、移民問題などについてスタンスが一定しなかったために、厳しく批判された。それは彼が本選でオバマ大統領に敗北した、主要な原因のひとつではないかとさえ言われている。

ところが、トランプの場合はどうだ。

彼は「ビーチサンダル」どころの話ではない。

「メキシコ人は麻薬や犯罪を持ち込む強姦犯だ」と言った同じ口で、「ヒスパニックは素晴らしい人々だ。私は彼らをたくさん雇用してきたし、素晴らしい関係にある。だから彼らの支持を得るだろう」などと自信たっぷりに言う。

あるいは、「ヒラリーは女を武器にしている」「中絶した女は罰せられるべきだ」などと女性を敵に回すような発言をした口で、「私が本選でどれだけ多くの女性票を獲得できるのか、見ているがいい」などとうそぶく。

ここまで来ると、あまりに支離滅裂で混沌としているために、彼がそもそも何を言いたいのかもわからなくなる。まるで、互いに矛盾する命令を同時に発するダブルバインド（二重拘束）の親かDV夫のごとき様相である。

政策についても同様だ。

例えば、トランプは最低賃金について、二〇一五年の八月には、

「最低賃金が低いのはこの国にとって悪いことではない」

と述べ、予備選挙の期間中、引き上げにはずっと否定的だった。ところが翌年五月八日には突然、

「七ドル二五セントで、どうやって生活ができるというのか。最低賃金は上がって欲しい。でもそれは州政府が判断すべきだ」

と言い出した。しかしその三日後には、

「国の最低賃金を上げるべき」

とツイートして平然としている。

これでは結局、トランプが最低賃金についてどういう方針を持っているのか、まったくわからない。他の政策についても似たような調子なので、彼の政策を分析しようとすること自体が徒労に感じられてしまう。もはや彼は「ペラペラなビーチサンダル」を超えて、「のれんに腕押し」状態だ。

そしてこのことも、「保守」や「リベラル」といったイデオロギー以前の問題なのである。

危機に瀕するアメリカン・デモクラシー

実はこれは、間接民主制というシステムを、根底から腐食させるような事態である。デモクラシーの基本理念は、「国の主権者は国民一人ひとり」ということである。本来ならば、すべての政策について主権者全員で討議し、その是非を決定すべきであろう。しかしそれを行うことは、物理的にも時間的にも不可能だ。だからこそ、先人たちは間接民主制というシステムを考案した。つまり、選挙を通じて、自分と考えの近い人を代表として選び、議会や行政に送り出すという方法である。

そのシステムが機能するためには、最低限、選挙に立候補している候補者がどのような考えや政策を持っているのか、明らかにされなければならない。でなければ、主権者は選択のしようがないからである。

選挙運動にある一定の期間が割かれているのは、候補者の考えを主権者がよく知るためである。メディアが候補者に対してインタビューを繰り返すのも、主権者に候補者の考えを知らせるという大きな目的があるからであろう。そしてアメリカの大統領選挙に、長い時間と莫大なリソースが費やされるのは、大統領に与えられる権力が絶大で、したがって彼らの政策や方針を慎重に吟味する必要があるからではなかったか。

ところが、トランプのような「のれん」のような候補者が登場し、しかも民衆から支持を得られてしまうならば、そうした大前提は崩れてしまう。トランプと、彼を罰しようとしない主権者たちは、アメリカの間接民主制そのものを、その大前提となるルールもろとも、破壊しようとしているように思えてならないのである。

とはいえ、僕はアメリカの主権者は、最後には真っ当な判断を下すだろうと期待していた。選挙戦が進めば進むほど明らかになったのは、トランプが病的ともいえる嘘つきで、デマゴーグだということである。多くの人々が言うようにクリントンがいかに腹黒いとしても、トランプの腹黒さとは比較にならない。

そのことを、アメリカ人の半数以上が見抜けぬはずがない。

僕にはそういう希望的観測があった。

「明日起きても、この国が共和国であることを祈る」

その見立ては、マークも同様だったようだ。

一一月八日投票日当日、僕らは一緒に勝利の「祝杯」を上げるため、研究室脇のロビーに設置されたテレビで開票速報を見守ることにした。彼は近所の店でテイクアウトした夕飯をテーブルに並べながら、

「明日からあの男の顔をテレビや新聞で見ないで済むと思うと、ホッとするね」

そう、言っていた。

ところが開票速報を見ていると、どうにも様子がおかしい。

トランプが南部の州を中心に勝利を重ねていき、クリントンよりも先行している。それでも最初は、

「共和党が強い州だからね」

などとたかをくくっていたのだが、夜が更けていくにつれてクリントンの敗色が濃厚になっていき、僕らの顔からは笑顔が消えていった。カギとなるペンシルベニアやオハイオ、ミシガン州などまでトランプが取りそうだという気配になってからは、僕らのムードは完全にお通夜のそれと化していた。

マークの落ち込みぶりは激しかった。テレビを見ながらお腹が痛くなって、トイレに駆け込んだほどである。

途中ロビーに顔を出したプラサードは、

「明日起きても、この国が〝共和国(republic)〟であることを祈る」

そう言い残して、先に帰ってしまった。

「共和国」とは、君主や貴族など特定の個人やグループのためではなく、すべての国民のためにある政治体制のことを指す。

プラサードのこの言葉の裏には、トランプが大統領になれば国がトランプ一家に私物化されてしまい、事実上共和国ではなくなるのではないかという懸念があったのだろう。実際、大統領に就任したトランプが政府の要職を身内や金持ちの友人ばかりで固めたことを考えるなら、プラサードの洞察には極めて鋭いものがあったと思う。

いずれにせよ、周知の通り、大統領選挙はドナルド・トランプの勝利に終わった。アメリカは、絶対に勝たせてはならない人間を勝たせてしまったのである。

そして僕らは「明日からあの男の顔をテレビや新聞で見ないで済む」どころか、彼が途中で辞めない限り、今後四年間、一日に何度も何度も見なければならないはめになった。

僕はこの晩、ほとんど眠れなかった。ウトウトとしても、夢の中にあのトランプのオレンジ色がかった顔が出てきて、うなされて起きてしまう。相当な重症である。

「えっ！　嘘でしょ……？　トランプが勝ったの……？」

ところが翌朝、ニューヨークにいる規与子からは、能天気な声で電話があった。今の今まで、選挙結果を知らなかったらしい。

「えっ！　嘘でしょ……？　トランプが勝ったの……？」

聞けば彼女は、アンディ・ウォーホールやジョン・レノンの運勢を見ていた占い師が「ヒラリーが勝つ」と太鼓判を押すのをある筋から内々に聞いてホッとして、昨晩は選挙結果を見届けずに寝てしまったのだという。

規与子と結婚して約二〇年になるが、今でもときどき、彼女にはびっくりさせられる。だが、あの生き地獄のような開票速報を見ずに済んだことは、規与子にとってはよかったのかもしれない。そういう意味では、彼女は占い師に感謝しなければならない。

庭に出ると、家主のジョシュが犬たちを連れて散歩に出ていくところだった。

僕が昨晩眠れなかったことを告げると、申し訳なさそうに、

「本当にごめんね……」

と謝ってくるので面食らった。彼にしてみれば、自国の国民の決定に責任を感じてしまったのだろう。

「あの男を、いったいどうしたら子どもたちの〝お手本(role model)〟にできると思う?」

ジョシュはそう言うと、肩をすくめながら散歩に出て行った。

「ミソジニストで嘘つきのトランプは、子どもたちのロールモデルとして不適切だ」

そういう批判は、選挙の間中、何度も耳にしていた。

逆に言うと、アメリカ人は大統領を「子どもたちの模範となるべき人」として位置づけているのだと思う。

学長からのメール

この日、ミシガン大学のシュリッセル学長からは、教員や職員、学生たちに向けて長い一斉メールが送られてきた。その一部を要約しよう。

「みなさんの多くもそうしたように、私も昨晩遅くまで、開票速報を見守りました。選挙結果を完全に消化し、それが何を意味するのかを理解し、本学や国にどのような長期的な影響があるのかを見定めるためには、かなりの時間がかかることでしょう。

しかし私たちが大学共同体として果たすべき、最も重要な使命は変わりません。その使命と

は、教育や発見、知的誠実さ、そして多様性や平等や包摂といった価値にコミットし続けるということです。

私たちは学生として、教員として、職員として、イデオロギーの違いを乗り越え、互いに敬意を持って協働するときにこそ、最も力を発揮します。今までと同じように、軽視される者、脅される者、歓迎されない者などすべての人々を支援し、知識と理解を追求するのです」

学長の言葉は、そうとは明言しないものの、明らかにトランプの当選に動揺する人々に向けられたものである。それは、アメリカ政府が今後いかに多様性や平等や包摂といった価値から目を背けようが、大学はそれらの砦であり続けることを宣言するものであろう。

僕はこのメールを読みながら、「大学の自治」について改めて考えていた。

知性や科学を軽視し、多様性を攻撃する政府が現実のものとなった今、大学に求められる役割は、観念的ではなく具体的である。大学の自治とはまさにこのようなときのために、普段から守り続けなければならないものではなかったか。

学生たちの動揺

トランプの当選を受けて、学生の多くは動揺していた。

ヘジャブをかぶったイスラム系女学生が襲われる事件がアナーバー市内で次々に起き、そのたびに大学当局から一斉メールが送られてきた。

治安の良いアナーバーだが、ヘイトクライムは治安とは関係がない。普段なりを潜めていたレイシストたちが、トランプの当選によって勢いづき、表舞台に現れ始めたのだ。

ヴェサルは珍しく、宿題のレポート提出が遅れていた。

催促してみると、怒りと涙に圧倒されて勉強が手につかないのだと言う。

実際、彼の友達には強制送還を現実的な可能性として心配する人たちがいた。彼らは子どもの頃、親に連れられてアメリカにビザなしで移住してきた「書類なき移民(undocumented immigrants)」である。オバマ政権下で彼らは「ドリーマー」と呼ばれ、大統領令を法的根拠として、働く権利が与えられてきた。

しかしトランプ政権になれば、彼らの運命はどうなるかわからない。最悪、家族も仕事もなく、言葉もわからない「母国」に強制送還される恐れもあるのだ。

トランプの勝利にショックを受けたヴェサルは、大学を辞めようかとさえ思いつめていた。聞けば、トランプを勝利させるような社会システムの一部に自分が収まっていることが、許せないのだそうだ。

幸い、賢明なヴェサルはすぐに考え直した。

むしろトランプのような人間に対抗するためにこそ、勉強を続けようと決意した。

彼は反トランプデモが起きるたびに、カメラを担いで撮影に出かけるようになった。

「反トランプデモ」を追加撮影

映画『ザ・ビッグハウス』の撮影は、メリーランド戦を撮り終えた時点で、すでにいちおうクランクアップしていた。

ところが一一月一八日、マークがバーで一枚のビラを受け取ったことから、追加撮影の必要性が急浮上した。ビラには、明日一九日のインディアナ戦の前、ビッグハウスに面した大通りを封鎖して、大規模な反トランプデモを行うとあったのだ。

そのデモを撮ったところで、どのように使えるのかはわからない。しかしビッグハウスの脇で大きなデモが行われるというのであれば、撮っておいた方がよいだろう。

マークはまず、ヴェサルに撮影の話を振った。しかしヴェサルはカメラを所有しておらず、学校から借りるには時間がない。そこでテリーが撮影に行くことになった。

僕は最後まで迷っていたが、好奇心も手伝って出かけていくことにした。

朝起きると、雪である。デモの開始予定時刻は正午だ。

カメラをビニールで覆い雪靴とコートで身を固め、ウーバーに乗り込んだ。そして一一時四五分頃、ビッグハウスのゲート前に着いた。

だが、誰もいない。

一二時をすぎたころ、ようやくプラカードを持った女子二人組が来た。

「今日の一二時からデモが行われると聞いてきたんですけど、そのデモの人?」

彼女らはプラカードを仕分けする作業をしながら、やや怪訝《けげん》そうな顔で答えた。

「そうですけど……?」

なんだよ、僕が一番乗りか。大通りを封鎖するという話は、いったいなんだったのだろう?

結局、デモに集まったのは七、八人だった。その大半が女性だ。彼らは、

「壁を作れば、私たちが壊す」

「嘘つき　ごまかし　レイシスト　セクシスト　ホモフォビア　大統領？」

「My Pussy Grabs Back!（私のおまんこがつかみ返してやる！）」

などというプラカードを掲げて、雪の降る中、黙って街頭に立った。その前をスタジアムに向かう大勢のアメフトファンたちが、無言で通り過ぎていく。

僕はデモ隊のあまりの小ささに撮影する意欲が削がれたが、目の前で展開する現実がなんであれ、虚心坦懐に描こうとするのが観察映画の本義である。彼らにプロジェクトの趣旨を手短かに説明し、撮影を開始した。

そのうち、カメラを携えたテリーが、パートナーのフランクと一緒に姿を表した。フランクは反トランプ派のさびしい状況を見かねたのか、そのままデモ隊に参加。まさか自分がデモに参加するとは思っていなかったのだろう、やたらと薄着で寒そうである。

そのうちマークも現れた。そして人数のあまりの少なさに、

「えっ、これだけ?!」

という顔をしている。彼もそのままデモ隊に参加した。

デモを撮影していると、興味深い現象が起き始めた。

デモ隊の小ささをバカにしたのか、トランプの勝利で調子に乗ったのか、はたまた酔っ払って気を大きくしたのか、トランプ支持者たちが次々にデモ隊へ絡み始めたのである。

「勝ちは勝ちだろ！　現実を見ろよ！」

中にはわざわざデモ隊の人数を大声で数えて、その少なさを揶揄《やゆ》して去っていく人もいた。絡んでくるのは、例外なく白人の男性だった。彼らの多くからは、酒の臭いがした。

アメフトのヘルメットのような帽子をかぶった男性は、デモ隊の女性たちに議論を挑んで挑発した(上)。

「誰でもいいから、トランプがレイシストだっていう証拠を出してくれ。……はあ？　メキシカン？　彼は不法滞在の連中を非難しただけだ。他にないのか？」

「メキシコ人のことを〝バッド・オンブレ(悪い奴ら)〟って言った」

「はあ。俺はトランプがレイシストだという理由を、論理的に説明してくれと言っている」

「彼のアドバイザーの選択でわかるでしょ」

「俺は論理的に説明しろと言った。できないのか？」

そう言うと彼はカメラにむかってポーズを決め、

「やっぱりトランプだよ、トランプ二〇一六！　ヒラリーなんか糞食らえ！」

と言い捨てて去っていった。

黒い帽子を被った男性も、デモ隊を議論でやり込めようと近づいてきた。

「人を殺したらヘイトクライムだが、発言だけじゃヘイトクライムではないだろう」

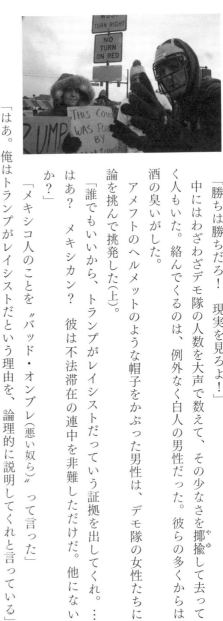

「宗教を理由に人を高いところから突き落としたら、ヘイトクライムです。そういう事件が実際に起きてます」

「じゃああなたがたが大好きな中東で、女性に強制的にヘジャブを被らせるのは、ヘイトクライムではないのか？　あなたがた、女性の人権が大好きなんじゃないの？」

「自分の選択として被る人もいるでしょう」

「中東ではいないだろ！」

ミシガンブルーの上着と手袋で身を固めた男性は、タバコを吸いながら、デモ隊の若いアジア系女性に因縁をつけてきた(上)。

「あんた、いま俺のタバコの煙から逃げたけど、俺にはタバコを吸う権利がないっていうのか？　あんたがた、人権活動家だろ？　俺はニコチン中毒なんだ」

彼の手にある火のついたタバコが、女性の至近距離まで突き出される。いつか当たってしまうんじゃないかと心配になる。

「大人になりたければ、金を稼いで社会に貢献するんだな。あんたがたのやってることは何にも貢献していない。時間の無駄だ。なぜならあんたがたの言うことなんて、誰も信じないからな。まあ、あんたがたにも仲間はいるだろう。アメリカ人の一〇％から一五％くらいか？　だけどな、それ以外にはあんたがたの言うことは通用しない。あんた、仕事は？」

「お寿司屋さんで働いてます」

「学費は誰が払ってる？」

「自分で払ってますよ」

「自分で払ってる？　すごいな、尊敬するね」

男性は突然、アジア人女性の隣にいた若い白人女性にターゲットを変えた。

「あんたは？」

「両親に助けてもらってます」

「そうかい。俺のリスペクトはあんたにはやらない」

「それが何の関係があるというんですか？」

別の中年男性は、デモ隊の女性たちに説教を始めた。

「君たちは自分の人生をどうにかした方がいい。トランプは私たちの大統領で、今後四年間、それは変わりはしない。君たちがここでやっていることは素晴らしいことだけれども……まあ、暴力を使わないのならね」

「私たちはプラカードを持っているだけですよ？」

「まあ、暴力を使わないのなら、まあいいけどね。でも〝トランプは私たちの大統領ではない〟ってのはどうかかな。彼は私たちの大統領だ」

一方、かなり少数だが、デモ隊に対して励ましの声をかける人もいた。

ミシガン大の今日の対戦相手・インディアナ大学の赤と白に身を包んだ若い白人男性は、女性たちにこう言った。

インディアナ大学の学生.

「僕はインディアナ大学キンゼイ研究所の博士課程の学生です。僕たちはＬＧＢＴのコミュニティやマイノリティ、女性の権利をサポートします。インディアナ大学や研究所を代表して、皆さんに感謝の意を表します」

目撃したのは、全体的には心が折れるような光景だ。

トランプによって、人々は見事に分断されていた。

それでも僕はカメラを回しながら、思わぬ収穫に身震いを抑えられなかった。実に貴重な場面をカメラに収めることができたと思ったのだ。

撮影を終えたころ、マークが近寄ってきて少し申し訳なさそうにこう言った。

「デモ隊、すごく小さかったね……」

「でも、思わぬシーンが撮れましたよ。撮ってよかった。映画にどう組み込めるのかわからないけど、これは重要なシーンになると思う」

「ええっ、本当に？　だったらよかった」

マークはデモを撮ろうとよびかけた手前、それが予想外に小さい規模だったことに、どこか責任を感じていたのだろう。

しかし僕の感想を聞いて、にわかに表情を明るくした。

第6章 映画を編集する

観察映画には設計図がない

映画の編集作業は、撮影と並行して進められていった。

学生たちは自分が撮ったシーンを、それぞれ編集していく。そしてラフカット(粗編集)を授業で試写しては、みんなで批評する。批評を受けて、再編集をする。

そういう作業を繰り返していくうちに、学期が終わりに近づくころには、かなり完成度の高いシーンが出揃ってきていた。

しかしそれぞれのシーンは、自動車でいえばタイヤやエンジンといった部品にすぎない。これらをどう組み立てたら、きちんと走る「自動車」になるのか。そもそも、必要な部品は全部揃っているのか。

自動車と違って、ドキュメンタリー映画には設計図がない。

いや、台本という設計図のあるドキュメンタリーは巷には多いが、先述した通り、観察映画の手法を採る僕らは事前に設計図を作ることを拒絶してきた。つまり僕らの場合、集まった部

品の性能や機能を吟味しながら、それに合わせた設計図をこれから作っていかねばならないのである。

では、具体的にはどうすればよいのか。

僕自身が編集する際には、やることは単純だ。

まずは面白いと思ったシーンを、シーンごとに編集して行く。シーンがだいたい出揃ったら、

「こんな順番でつなぐとよいのではないか」

という勘にまかせて、まずは一本につなげてみる。

これが「第一編」だ。原稿でいえば「第一稿」に当たる。

しかし第一編はたいてい、死にたくなるほどつまらない。

シーンの羅列にすぎず、「映画」になっていないからだ。

だが、ここでがっかりしすぎて作品を見捨ててはならない。

映画の編集は、ここからが本当の勝負だからである。

僕の場合、第一編に使ったシーンを「ポストイット」に書き出し、壁に並べていく(上)。それが完了したら、ポストイットを並べ替えてみる。それができたら、今度はポストイットの新しい並びに沿って、編集を変える。

それで出来たのが「第二編」だ。

とはいえ、第二編もたいていは問題だらけである。したがってさらにポストイットを並び替え、第三編、第四編、第五編……と作っていく。要は、この改訂作業を自分が納得のいくまで繰り返していく。作品にもよるが、僕の場合、第二〇編くらいまでいくことが多い。

そうして初めて、作品は完成するのである。

「注釈つき構成台本」

本来、学生一人ひとりがこの作業をして、それぞれの長編映画を完成させるならば、彼らにとってとてもよい勉強になるだろう。

しかし問題は、この授業は一二月でおしまいだということである。学期中に学生たちが編集を仕上げ、しかもその編集を元に成績をつけることは、物理的に不可能といってよい。

そこでマークとテリーがひねり出したのが、学生それぞれに「注釈つき構成台本」を作ってもらい、それをもとに成績をつけるというアイデアだ。

つまり実際に編集をしてもらうのではなく、紙の上でシーンを並べて台本を作ってもらう。そしてなぜ一連のシーンがそのような順番で並べられなければならないのか、ひとつひとつに論理的な説明を求めるわけである。

さすがベテランの先生たちである。学生たちの論理的思考を鍛えると同時に、限られた時間の中で成績をつけるには、とてもよい手法だと思った。

しかし当然、それだけでは映画は完成しない。

マークとテリーは、学生たちが提出した「注釈つき構成台本」の中から優れたものを選び、それに沿ってシーンを一本につなげることを考えていた。だが、それでできるのは「第一編」にすぎない。

その後改訂を重ねていき、映画として完成させる作業は、いったい誰が担うのか。

固めた決意

当初の計画では、マークが助成金などを申請して、プロの編集者を雇うことになっていた。そして僕がアナーバーを去る二〇一七年の春までに、編集者を中心に映画を完成させる予定になっていた。

ところが蓋を開けてみると、助成金が思うように取れていない。編集者を雇いたくとも、資金が調達できていないのだ。

一流の編集者を雇おうと思えば、一カ月に最低一万ドル(約一一〇万円)はかかる。全体で四〜五万ドルの出費は覚悟しなければなるまい。マークやテリーや僕が自腹で出せるような金額ではない。

マークはクラウドファンディングを立ち上げて、資金を集めることを考えていた。

しかしそれで思うように資金が集まらなかったら、映画の完成は宙に浮いてしまう。未完成のままお蔵入りすることも、大いにありうるだろう。

実はそういう映画は、世の中にはかなり多い。

張り切って撮影まではしたものの、編集が思うようにいかない。完成がずるずると先に延び、資金も情熱も底をついていく。時間はすぎていき、いつのまにか流れてしまう。そういう運命に陥っていく友人知人の作品を、これまでに何度見てきたことか。

僕はいよいよ覚悟を決めるときがきた、と思った。

幸い、一月から四月まで、僕はミシガン大に所属しながらも担当する授業はなく、自由に使える時間がたっぷりとある。僕がここでボランティアの編集者として志願すれば、映画は確実に完成する。その間、大学から給料ももらうことだし、金銭的報酬はそれで充分ではないか……。

「こうなったら僕が来学期、編集をするという手もあるね」

そう、マークとテリーに提案すると、ふたりは目を丸くして驚いた。

テリーは嬉しそうにこう言ってくれた。

「想田さんがやってくれるのなら、それがベストだと思う。プロジェクトの趣旨を一番よくわかっているし、私は想田さんの感受性がこの映画の編集には必要だと思う」

だが、マークは顔を曇らせた。

「それは映画にとっては最高に贅沢だけど、想田さんにとってはどうかな……。この招聘教授のプログラムの狙いのひとつは、招聘した学者やアーティストを日頃の雑務から解放して、自由な時間を持ってもらうということでもあるんですよ。だからこそ授業は一学期だけに限定していたのに……」

そうか、そういうことだったのか。

正直、少し不思議だったのだ。二つの学期に僕を呼んでおきながら、なぜ授業の担当は一学期だけなのか。テレビ時代から、どこへ行っても骨の髄まで使われるのに慣れている僕には、理解しがたい「ゆるさ」だった。

「今すぐに決めずに、ちょっと方法を考えましょう。想田さんの時間も守らないと」

マークはそう言って、判断を保留した。

僕は彼の気持ちがとてもありがたかったが、急に資金の目処がつくとは思えない。心の中では、すでに編集する決意を固めていた。実際、数日後には僕が編集することをマークも了承したのである。

映画の「構造」を考える

先述したように、学生たちはそれぞれが映画の構成を組み立て、学期末に「注釈つき構成台本」を提出しなければならない。

みんなが構成台本を書くことができるよう、授業では映画全体の構成についての議論を進めていった。撮れたシーンをホワイトボードに書き出していき、これらの何を使ってどう組み立てるのがよいと思われるか、意見を交わしていく。

学生たちの意見は、大きく分けると二つに割れていた。

一つは、あらゆる要素を一日にまとめることによって、映画全体を「ビッグハウスの一日」として組み立てる方向性である。ビッグハウスの朝から晩までを順々に見せて、夜になって映画が終わる。シンプルといえばシンプルな構造である。

もうひとつは、すべての要素を無理に一日にまとめるのではなく、二、三試合に分けるという方向性である。これだと、映画の中でビッグハウスには朝や夜が何度か訪れることになる。

僕自身は、一日にまとめるのは無理があると直感した。そしてその理由をみんなに説明した。

なぜ、一日にまとめようとすると無理が生じるのか。

まず、僕らは「反トランプデモ」も含めると、合計五つの試合日にカメラを回した。時期は九月から十一月にまたがったので、人々の服装も最初は半袖や短パンだったのに、最後の試合では分厚いコートを着ていた。これらを一つの試合としてまとめるのは、かなりの力技だ。

また、一試合の構成にしてしまうと、映画の構造が時系列に強力に縛られてしまう嫌いがある。とくに試合日以外に撮ったシーンは、使いづらくなる。

例えばハナが撮った、試合前日のロッカールームのシーン。

これは一試合の構成だと、映画の最初に入れるしかほぼ選択肢がない。しかし複数試合の構成では、一試合目を一通り見せた後、二試合目か三試合目が始まる前に入れるという自由が出てくる。

ジェイコブが撮った、試合日翌日のスタジアムの清掃と礼拝シーンも同様だ。

一試合の構成にすると、あのシーンは映画のラストに入れるしかなくなるが、それで本当に映画を終えてよいものか。いや、終えてもよいのだが、それ以外のラストで終える自由が最初から消滅してしまうのはきついだろう。

そんなことを説明しながら、僕は「ポストイット」のテクニックも紹介した。テクニックと呼ぶのも恥ずかしいくらいの原始的な方法だが、映画の構成を考えるにはこれほど便利なツールはない。デジタル世代の学生たちは、

「え？　ポストイットなんか使うの？」

という感じで苦笑いを浮かべながら聞いていたが、君たち、決して馬鹿にできないのだよ、これが。

僕はラストシーンの重要性についても話した。

ラストは、作り手の立場性を示すと同時に、映画の印象を決定づけるものである。ラストにどんな場面やショットを選ぶかによって、映画全体のイメージが変わってしまう。逆に言うと、作り手の視点を観客に対して提示する、最大かつ最後のチャンスでもある。

「例えば、テールゲートでの学長のスピーチをラストにすえるのは、ひとつの有力なアイデアだと思うんだけど、どう思う？　あのスピーチは、ビッグハウスやアメフトがミシガン大で果たしている役割を象徴しているような気がしない？　そしてあれを最後に持ってくることによって、それまでに見たさまざまなシーンのすべてがひとつの〝意味〟を持ち始める気がするんだよね」

学生たちは、うなずきながら聞いている。

「構成台本を書くとき、みんなが何をラストに選ぶのかは各自の自由です。でも、なんとなくのフィーリングや時系列だけで選ぶのではなく、なぜそのシーンをラストに選ぶのか、よく考えて説明できるようにしてください」

抜きん出ていたレイチェルの構成

一一月二九日、「注釈つき構成台本」の提出日がやってきた。

学生のほぼ全員が、期限に遅れず提出した。提出日の数日前、「どうやったらいいかわからない！」とパニックめいたメールをテリーに送ってきた学生もいたようだが、彼もなんとか仕上げることができたようだ。

いざ読み始めると、非常によく考えられ練られた構成と、明らかなやっつけ仕事とが一目でわかる。

これほどまでに差がつくものなのか。怖いくらいである。

その中で最もユニークだったのは、ブリティの構成である。

彼女は時系列を完全に無視して、「ゲーム・プラン」「ムード」「レガシー」などと、テーマごとにまとめる構成を作っていた。これなら時系列に縛られず、映画を自由自在に構成することができる。こうした構成を採った学生は一三人中彼女ただ一人であり、しかもかなりよく練られていた。

一方、ケヴィンは「一試合」の構造を採用していた。朝のシーンから始まり、時系列に沿って順々にコマを進めていくオーソドックスな構成である。注釈を読むと、極めて論理的にシーンのつながりが考えられている。頭脳明晰な学生である。

思わずニヤリとしてしまったのは、ケヴィンが考え出したラストだ。ケヴィンは試合翌日の清掃と礼拝を見せた後、学長のスピーチを付け加えて映画を締めていた。いわく、神父と学長のスピーチをつなげてみせることで、「聖地」としてのビッグハウスを強調したいのだという。

実際にそのカットがうまくつながるかどうかは別として、彼の批評性とユーモアのセンスを、僕は高く評価した。

しかし抜きん出ていたのは、レイチェルの構成である。彼女は「二試合」の構造を採用。一試合目では観衆、バンド、アナウンサー、報道陣など、一般にも目につきやすい表の部分を中心に順々に見せていく。そして二試合目では、厨房、医療班、ゲストサービスなど、普通の観客はまずは目にしない舞台裏を見せていくという構成だ。二つの試合を見せるものの、単純に同じことの繰り返しにしない工夫が見られる。そして最後にVIP観客席を見せ、ラストの学長のスピーチにつなげている。

レイチェルの注釈を読むと、VIP観客席でのジョンソン氏のコメントと、学長のスピーチの関連性に注目し、ふたつのシーンをつなげることにしたことがわかる。とてもよい発想だ。

編集者としての才能を感じる。

すべての構成台本を読んだ後、マークやテリーと打ち合わせを持った。その結果、三人ともレイチェルの構成を採用することで合意した。

結果をクラスで発表すると、一番驚いていたのはレイチェル自身だった。

撮影ではあまり目立った活躍がなかっただけに、まさか自分の構成が選ばれるとは思っていなかったのだろう。聞けば、彼女は僕が教えたように、ポストイットを使って構成を練ったのだという。

「最初はポストイットなしで構成を考えたんだけど、それに煮詰まったので使ってみました。あれがあんなに便利だとは！」

だからそう言ったでしょ！

クレジットをどうするか

プロジェクトを完成させるにあたって、ほかにも決めておかなければならないことがあった。それはクレジットの問題である。

「ところで、この映画のクレジットをどうするのかについて、考えなくてはならない。例えば、この映画は誰が監督としてクレジットされるべきだと思う？」

マークがそう問いかけると、クラスの空気が少し固まった。たぶんみんなが気にかけていたことなのだろう。ジェイコブが口火を切った。

「僕は想田さんが監督になってほしい。映画を世の中に出すことを考えれば、想田さんの名前を利用しない手はない。でも、想田さんは嫌かもしれない……」

いきなりふられた僕は、大きく仰け反った。

「いや、嫌なわけはないよ。だけど、それだと逆に僕がみんなを利用することになるんじゃないかな。僕が監督だとしたら、みんなのクレジットはどうなるの？」

「撮影かな」

「いや、製作じゃないか」

「セグメント・ディレクターでしょう」

議論百出である。ここでマークが割って入った。

「全員を監督としてクレジットするのも、僕はありだと思う。この方向性の利点は、みんなのキャリアにとってプラスになること。長編ドキュメンタリー映画の監督の〝クレジットがつくのは、みんなの将来にとって大きいよ」

たしかにその通りだ。それに監督としてクレジットされれば、学生たちも映画祭などで質疑に立つ機会も出てくるだろう。それは彼らにとって大きな勉強になるはずだ。

「そうだね。実際、それぞれの場面はそれぞれが監督したわけだし、実態にも合っていると思う」

僕は賛意を示した。しかしヴェサルからは懸念の声も上がった。

「でも、〝学生映画〟として見られる危険性がないかな……。そう見られるのは損だと思う」

彼の懸念には、マークも賛意を示した。

「たしかにそれは損だ。映画祭の作品選考を長年やったけど、学生映画が不利だというのは事実……」

結局、この日は結論が出なかった。

しかし後に僕とマークとテリーの三人で改めて相談した結果、方針は固まった。

三人の教師陣を「監督・製作」とし、学生たち全員とプラサードを「監督」とする。

つまり合計一七人が監督としてクレジットされるわけである。それとは別に、僕が「編集」のクレジットをもらうことになる。

いわば民主的なアプローチである。制作現場のあり方を忠実に反映してもいる。同時に、教師陣に「製作」を付与することで、学生映画という印象を和らげることができる。

結果的には、とてもよい結論に落ち着いたのではないかと思う。

学生たちも賛成してくれた。

第一編を作る

レイチェルの構成を元に第一編を作るための時間は、思った以上に限られていた。

まず、学生たちが作ったシーンを集めるのに一苦労である。

それぞれのハードドライブのデータを僕のドライブに転送する作業だけで、相当な時間がかかった。ようやく編集にとりかかれたのは、一二月七日。九日には学科内試写でお披露目しなければならないので、二日しか時間がない。

さすがに焦った。

もちろん、レイチェルの構成に基づいて機械的にシーンをつなげるだけなら簡単だ。半日もかからないだろう。

しかし構成がいくら紙の上でうまくいっていたとしても、実際につなげてみるとまったく映画になっていないということは、よくあることだ。

学科内試写とはいえ、そういう編集を、授業を受けていない学生や先生たちに見せてしまってよいものか。学科長だって来る可能性もある。

まあ、第一編を見せると最初から告知した試写会なので、本来ならば「構成の通りつないだまま」を見せてもよいのだろう。

しかしあまりにも映画になっていない状態で部外者に見せてしまうと、

「ビッグハウスの映画を見たけど、死ぬほどつまらなかった」

という悪評が立ってしまう可能性がある。

一度立った悪評を挽回するのは、至難の技だ。映画の将来を考えると、試写までにある程度「見られる」編集にしておかなければならない。僕はそう考えていた。

また、レイチェルの構成は、映画の出だしに問題があった。

彼女は映画を「朝日が当たるビッグハウス」のシーンで始めているのだが、動きがなくてダイナミックさに欠ける。実は朝日のシーンで始める構成を考えた学生はレイチェル以外にも多かったのだが、もう少し創意工夫が欲しいところだ。

そこで思いついたのが、数週間前に体育部から提供を受けていた米軍特殊部隊「パラコマンドーズ」の映像を使うことである。

パラコマンドーズが試合前のイベントで、パラシュートを使ってビッグハウスに降下したことはすでに書いた。彼らはなんと、ヘルメットに小型カメラのGoProを装着して降下の様子を撮影していたのだ。

その映像をチェックしてみると、飛行機から飛び降りスタジアムに降りていく様子が、実にダイナミックに撮れている。上空からビッグハウスを映し出しているので、スタジアムのスケールを印象づけるイントロとしても最高である。

僕はこの映像をタイトル前の「序章」として使うことにした。

すると映画の出だしは、次のような流れになる。

(1)飛行機から降下・着地して大歓声を受けるパラコマンドーズ
(2)マーチングバンドの入場
(3)「ザ・ヴィクターズ」の演奏と踊り
(4)タイトル挿入「The Big House」
(5)朝日が当たるビッグハウス

ここまでつないで観てみると、とてもうまくいっている。タイトル前のシークエンスで最高に沸いているビッグハウスを一度見せておくと、(5)からの静かなシーンも腰を落ち着けて観ることができる。

また、エンディングにも工夫を加えてみた。

レイチェルは学長のスピーチで映画を終えていたが、僕はその後に、再びスタジアムに人々が集っていく映像をつけ加えた。そうすることで、ビッグハウスでアメフトの試合が行われるという伝統が、これからも継続していくことが印象づけられるからである。具体的には、ラストは次のような構成にした。
(1)学長のスピーチ
(2)スタジアムに向かう人々
(3)スタジアムが人々で埋まっていくコマ撮り映像。その映像にクレジットをスーパーで表示
(2)と(3)の映像には、応援歌「ザ・ヴィクターズ」をサウンドトラックとして付け加えた。そうすることで、かなり高揚感のあるラストになったと思う。
しかし、出だしとラスト以外をレイチェルの構成通りにつないでみると、案の定、四時間半に及ぶ大長編になっていた。

このまま学科の人たちに見せてしまったら、「長くて退屈」の烙印《らくいん》を押されることは間違いない。

僕は最初から映像を観ながら、いらない部分を刈り込んでいくことにした。シーンの順番も、必要に応じて入れ替えていく。時間がないので、走りながら直していくしかないのである。

一通りその作業を終えた段階で、尺は三時間半くらい。一時間分を削ぎ落とせたが、まだまだ長い。そこでもう一通り出だしから同じ作業をやり直し、八日の夜には三時間強にまで圧縮することができた。

「反トランプデモ」を付け加える

一二月九日、学科内試写当日の朝。

三時間強の編集を、通して観てみることにした。

これでまったく映画になっていなかったとしても、試写までに直す時間はほとんどない。だから半ば祈るような気持ちで、恐る恐る観始めた。

ところが観終って驚いた。映画としての骨格は、ほとんどできていたのである。

もちろん荒削りだし、尺も長すぎる。しかし「第一編」として学内で試写できる程度には、映画になっていた。僕は心の底から安堵《あんど》した。

だが、ひとつだけ不満があった。

雪の降る中撮った「反トランプデモ」のシーンが、この第一編には入っていないのである。レイチェルの構成台本でも、反トランプデモは省かれていた。映画のどこに入れたら良いものか、彼女にもわからなかったのだろう。

実際、二つの試合の構造の中には、入れようがない。

秋日和の試合にいきなり雪の降るデモシーンが入ったらおかしいし、それにあのデモは、一一月八日の選挙の後に起きないとダメだ。デモのシーンを使うとしたら、一つの試合が終わった後に加えるしかないのである。

そこで僕は、コマ撮り映像を見せて映画をいったん締めた後、「エピローグ」という形で反トランプデモを入れることにした。具体的には、ラストは次のような構成になる。
(1)学長のスピーチ
(2)スタジアムに向かう人々
(3)スタジアムが人々で埋まっていくコマ撮り映像。クレジットを表示
(4)「エピローグ」というインタータイトル
(5)反トランプデモ
正直、あまり美しいとはいえない構成である。
(3)でいったん映画を終わらせた後、七分間もある長いエピローグを入れるのはどうしても「後で継ぎ足した感」が否めず、有機的ではない。
また、反トランプデモのシーンは、強烈に気の滅入る場面でもある。

それまでの三時間は全体的にはビッグハウスという場を肯定し、祝福するようなトーンで貫かれているが、エピローグにはその「経験」を根こそぎ消し去り、「読後感」を一八〇度転換させてしまうような破壊力がある。下手をすると、映画全体を壊してしまいかねない。

果たしてそれでいいのかどうか。

僕の中には迷いもあったが、とりあえず入れたままにしておくことにした。

反トランプデモのシーンには、「トランプ後のアメリカ」のエッセンスが表出していると思ったからである。

いずれにせよ、発表は今晩だ。あれこれ迷っている時間もない。

僕は試写会用の映像ファイルをハードドライブに書き出す作業を開始した。


「エンディングには賛否両論があるかも」


学科内試写会は、夜の七時からである。

少し前に到着し、第一編が入ったハードドライブを映写技師に渡していると、テリーとマークがやってきた。

「お疲れさま。編集、どんな感じになった？　尺は何時間？」

「三時間一一分」

「えっ、そんなに短くできたんだ！」

マークは意外そうな顔をしていた。実際、彼は第一編が五、六時間くらいになることを予想して、みんながお腹をすかせないようにと、ピザをたくさん注文していた。

「まだまだ長すぎるけど、映画の基本的な骨格はできたと思う。映画の出だしのシーンには自信があるけど、エンディングには賛否両論があるかもしれないなあ」

「えっ、どんな出だしとエンディングなの？」

「それは観てのお楽しみ！」

例によってみんなが揃ったのは、七時一〇分頃だった。

いちおう学科の学生や教職員であれば誰でも参加できるが、授業を受けた一三人の学生たち以外には、彼らの友人が一〇人くらい来ただけだ。学期末ということもあり、みんな試験やレポートに追われているのだろう。

上映前、僕とマークとテリーが壇上に立った。

「ダイレクト・シネマ」の基本コンセプトを話すとともに、今晩試写するのは第一編にすぎないこと、これから少なくとも三〇分から一時間くらいはカットする予定だということ、などを説明した。

「観ながらなんだか涙が出てきた」

いよいよ上映が始まった。

出だしのパラシュートのシーンで、「わおっ」という声が上がる。あのシーンで映画を始めるとは、誰も予想していなかったに違いない。感心したように、僕の方を振り返る学生もいた。

第一編を観ていると、荒削りだがいちおう「映画」になっている。バラバラに撮られ編集されたシーンが、川のようにひとつの時間の流れを形作って、「作品」になっている。僕は確かな手応えを感じていた。

マークやテリー、学生たちも同じ気持ちだったに違いない。

試写の途中、マークが注文していたピザが届いた。そこで一旦上映を中断すると、みんなが高揚しているのがわかった。

ジェイコブはピザを手に僕のところにやってきて、興奮気味にこう言った。

「本当にありがとう！　自分が関わった映画に誇りを持てたのは、たぶん初めてかもしれません。観ながらなんだか涙が出てきた」

彼の言葉に驚きつつ、僕までも胸に熱いものがこみあげた。

ただ気になったのは、学生たちの友達の数人が、「面白い映画ですね」と口では言いながら、ピザを食べると早々に帰ってしまったことだ。映画がまだ半分くらい残っているのにもかかわらず、である。映画を手がけた学生たちとは、明らかに温度差がある。

しかしそれは、当然のこととも言える。

映画は第一編にしてはよくできているものの、まだまだ長すぎてだらだらしている。シーンの順番も変える余地がある。要は本来ならば「観客」に見せる水準には達していない。逆に言うと今後の編集では、彼らが途中で帰りたいとは思わないレベルにまで、作品を高めなければならないのである。

試写の後半も順調に進んだ。

映画とは不思議なもので、観客が映画を楽しんでいるかどうかは、暗闇にいてもだいたい伝わってくるものだ。客席から笑い声が起きるたびに、僕自身も嬉しくなった。

しかしエピローグが終わり部屋の照明がつくと、みんなの拍手にはどこか力がなかった。というより、何となくどんよりとした空気が流れている。

僕はその原因が、最後の反トランプデモのシーンにあることを一瞬で悟った。
あの悪夢のような大統領選挙から、まだ一カ月。
僕も含め、誰もがあの出来事を消化できていないのだ。

白熱した「最後の授業」

一二月一三日は、最後の授業である。
クラス全体で第一編についての感想を出し合い、今後の方向性について議論を行った。
議論の口火を切ったのはディランである。
「出だしがすごいと思った。あのパラコマンドーズの映像が存在するのは知っていたけど、まさかあんな風に使うとは。一気に映画に引き込まれました」
ジェイコブ「ビッグハウスというロケーションを、文字通り〝地球〟の中に位置づけるショットでしたね」
サリカ「しかもそのまま、カメラはビッグハウスの中に降下していく」
ケヴィン「一〇〇万人の中に降下していく経験って、普通はできない。そういうユニークな体験を疑似体験できるショットだと思ったし、ビッグハウスの巨大さを表現できていると思いました」
レイチェル「その巨大さは視覚だけでなく、聴覚にも訴えるものがあったと思います。私の友達も、みんなあの出だしで引き込まれたと言ってました」

ジェイコブ「しかもタイトル明けに、打って変わってものすごく静かな朝のシーンになるでしょう。あのコントラストがとてもいい」

アレックス「そうだね、ビッグハウスが最高潮に盛り上がっている場面を少しだけみせてから、時系列をぐっと遡って朝の静寂に帰る。そうすることで、この静かで空っぽのビッグハウスが、今後どんな風に人で埋まっていって、盛り上がっていくんだろうという興味が湧くと思いました」

テリー「あの出だしを自分が思いつかなかったのは、ちょっと悔しい(笑)」

予想通り、冒頭のシーンの評判は上々である。

それにしても、学生たちが単なる曖昧な「感想」を言うのではなく、映像を「批評」する確かな言葉や表現を使っていることに、みんなの成長を感じる。映像を批評的に観るにはそれなりの訓練やリテラシーが必要になるが、そういう力は相当身についてきたのではないだろうか。僕は教師の一人として、とても嬉しくなった。

しかし反トランプデモを映し出したエピローグについては、予想通り賛否両論が巻き起こった。

ディラン「僕はあの終わり方でいいと思う。観客もタイムリーな出来事として受け止めるんじゃないか」

ショーン「僕はあのシーンが映画全体とどう関係ができるのか、ちょっと理解できない」

レイチェル「私もショーンと同じように感じました。想田さんはどういう論理であのシーンを最後に使ったんだろうと思いました」
想田「実は最後の最後につけ加えた。スタジアムが人で埋まるコマ撮り映像で映画を終えるのは、たしかに気持ちがいい。〝フィール・グッド・ムービー〟です。でもビッグハウスで今起きているのは、本当にそれだけだろうか？　そう思って、あのエピローグを試しに入れてみました。まだ入れるべきだとは一〇〇％確信が持ててないけど」
ショーン「たしかに単なる〝フィール・グッド〟で終わってはならない気もする。あのエピローグが、そういう疑問に対する答えになることも理解できます。でもあんなに長く見せる必要があるんでしょうか」
ケヴィン「僕は自分の構成台本を書くときに、実はあのシーンを入れたかった。でも入れる場所がどうしてもわからなかったんです」
想田「そうだよね。例えば、イリノイ戦の一部として入れようとしても、季節感が違いすぎる。それに大統領選は歴史的な出来事でもあるから、時期を都合よくずらしてしまうのはドキュメンタリーとして一線を超えていると思う」
サリカ「とても大事なシーンだし、使うべきだと思う。ただ、エンディングにすべきなのかどうか」
ジェイコブ「もしトランピズムが忍び寄る様子を、映画を通じて徐々にビルドアップできるなら、エピローグも効いてくる気がする。スピルバーグの『ジョーズ』でいえば、エピローグは〝サメがついに登場する〟っていうシーンになるかも」

マーク「みんなに質問がある。エピローグのシーンはいろんなことについての場面になっているけれど、そのテーマの一つは〝人種〟だと思う。この映画は人種についての視点をいろんな場面でさりげなく示し続けているわけだけど、あのエピローグはそういう場面にどんな影響を与えると思う？」

アレックス「僕の友達は、厨房の場面などですでに人種のテーマに気づいていました。だからエピローグがなくてもそのテーマは観客に伝わると思うけど、あのエピローグでより鮮明になるとは思う」

マーク「〝悪魔の代弁者〟として問題提起してみたい。僕自身はエピローグの手前まではものすごくいい気分で映画を観ていたんだけど、あの最後の場面でドーンと突き落とされて、非常に嫌な気分になった。そもそもあの場面は、何かを映画につけ足すのだろうか？　人種やジェンダーや階級の問題は、映画のさまざまな場面を通じて提示されてきた。あのエピローグがなくても伝わるのではないか？　つまりあのエピローグは、人々を奈落の底に突き落とす以外に、何もつけ加えないのではないか？」

ケイティ「私自身はあの場面は強いと思うし、映画に入れるべきだと思う。でも、たしかに〝さりげなさ(subtlety)〟はないですね。むしろ観客の顔面にパンチを喰らわせるような感じです。私たちはそれをすべきなのかどうか」

テリー「たしかにあの場面にはまったく〝さりげなさ〟がない。映画の他の場面はすべてさりげなくて控え目なのに、あの場面だけが強烈です」

レイチェル「同感です。私はあの場面には強烈な違和感を覚えました。そしてそれまでの映画とどう関連するのか、考え出してわからなくなった」
想田「違和感を生じさせる強烈な場面だというのは、その通り。しかしその違和感は、僕自身が現状に対して感じていることを正確に表してもいる。だって、みんながアメフトの試合に夢中になっているうちに、その脇ではトランピズムが後ろから忍びよるように、少しずつ現れてきたわけだよね。そして突然投票日がやってきて、突然トランプが勝利し、突然人々の分断が露呈される。試合ではあんなに心をひとつにしていたのに、気がつけば私たちは分断されている。あの場面はそのことを端的に表現できていると思うんです。僕は観客にいい気持ちで映画館を去って欲しいとは思う。でも、たまに顔面にパンチを喰らわせたいと思ったりもする！
（一同、爆笑）」
マーク「原一男監督が喜びますよ、その発言」
想田「問題は、パンチを喰らわすという選択をするかどうかです。この映画は共同で監督しているものだから、僕だけでは決められない。しかしみんなの反応を聞いていて、僕自身が期待した効果は、あの場面をつけ加えることによって得られたように思います」
ダニー「スポーツと政治を混ぜるな、ってよく言われるけど、国歌斉唱で拳を突き上げる選手もいるように、現実には混じっていますよね。だからそういう側面を見せるのはとても重要だと思う」
オードリー「私にはスポーツで大学が争うのと、異なる政党同士が争うことが重なって見えます。ところがとても興味深いことに、あの場面ではインディアナの学生がデモ隊の方に賛成していいた。つまり大学の所属よりも、政治的主張の方が、敵味方を分けていた」
ディラン「僕はやはりあの終わり方が好きだ。個人的には、観客が欲しがるものを与えるようにみせかけて、最後にハシゴを外すような映画が好きだから(一同、爆笑)。インディアナの学生をカットしてもいいくらいだと思う」
想田「ディランは僕以上に〝顔面パンチ〟が好きなんだな」
ジェイコブ「でも、あの学長のスピーチの場所はあそこでいいのだろうか。あの位置だと、この映画が大学のPRをしているように見えてしまわないか」
サリカ「でもスピーチの直後にあのエピローグがあれば、そうは見えないよ」
レイチェル「私は学長のスピーチには欺瞞《ぎまん》のようなものを感じた。みなさんの寄付のお陰で大学教育が成り立ちます、だからみんなで我がアメフトチームを応援しましょうって、いったい何なの?」
マーク「それはちょっとシニカルすぎるんじゃないか。現に僕は学科長として資金集めの活動をしたことがあるけど、僕たちが今いるスタジオだって、彼らの寄付なしには建てられなかった。このクラスだって、彼らの寄付があってこそです」
この日の議論は、一時間以上に及んだ。
ここで出た意見を踏まえながら、来学期は編集を進めていき、映画を完成させることになる。そしてその作業には、ヴェサル、ショーン、サリカの三人が編集助手としてつくことになった。

三人は僕の助手をすることで、大学の単位を得ることができる。

学期末を迎え、アナーバーは急速にクリスマス・ムードに包まれていった。学生や教師たちが休暇のため、街から離れていく。

入れ替わりに、ニューヨークから規与子がやってきた。僕の任期が終わる四月末まで、ここで暮らす予定だ。彼女にとっては四カ月に及ぶ長い休暇の始まりである。

「ここにいる間に、これ、全部読破しようと思って」

別送されてきたダンボールには、太極拳の本がぎっしり詰められていた。

第7章 厳寒のデトロイトを撮る

『精神』上映会での出会い

秋学期の間、僕は『ザ・ビッグハウス』の制作をしながら、別の映画の仕上げ作業を進めていた。二〇一三年一一月に瀬戸内海の街・牛窓で撮影した『港町』(二〇一八年、観察映画第七弾)という作品である。

一月から始まる冬学期は『港町』を早めに完成させる一方で、『ザ・ビッグハウス』の編集に専念する。そのつもりでいた。

だが、一寸先は闇である。ひょんな〝出会い〟からもう一本、厳冬期のデトロイトでまったく別の映画を撮影することになった。

きっかけは、九月に遡《さかのぼ》る。

アナーバー市内には、ミシガン・シアターと呼ばれる老舗の映画館がある。一九二八年に建てられた、壮麗な建物だ。

二〇一六年九月二三日、ここでミシガン大の日本研究センターが、招聘教授である僕のお披露目を兼ねて、拙作『精神』(二〇〇八年)の上映会を開催してくれた。

出会いがあったのは、上映後のレセプションである。参加者の方々と次から次へと挨拶し、『精神』についての感想を聞いたり、質問に応えたりしていく。

その中に、谷口太規《もとき》さんという日本人の男性がいた。

現在ミシガン大の修士課程で社会福祉を学ぶ学生さんだが、日本では一〇年間弁護士をしていたという。とても若く見えるが、キャリアからすると三〇代後半くらいなのかもしれない。

「想田さんの『演劇1』と『演劇2』は、東京のイメージフォーラムで拝見しました。まさかミシガンで『精神』を観れるとは！　僕は司法修習は岡山市だったんですよ」

映画作家という生き物は、自分の作品を映画館で観てくれた人だというだけで、もはや他人とは思えぬように感じるものである。その上、『精神』や『Peace』(二〇一〇年)の舞台にもなった岡山市に縁があるとなれば、ぐっと親近感も湧いてくる。

僕たちは、しばらく楽しい世間話に花を咲かせた。

しかし、谷口さんは真面目な疑問をぶつけてくることも忘れてはいなかった。

別れ際、彼は急に緊張した面持ちになり、意を決したように聞いてきた。

「今日の映画について、ひとつお聞きしていいですか。映画の中で、男性が『自分は五年に一回くらい、頭をインベーダーに支配されてしまうことがある。だからいつか犯罪を犯してしまうかもしれない』という趣旨の発言をされますよね。あの発言を残されたのは、なぜですか。精神障害者が犯罪を犯しやすいという偏見を強化してしまう恐れは感じませんでしたか」

鋭い質問である。

実際、精神障害者による犯罪率は、全体では統計的にはいわゆる「健常者」よりも低い。にもかかわらず、社会には「精神障害者は危ない」というイメージが流布している。

そういう意味では、谷口さんが言うように、あの場面は世間の偏見を強めてしまう恐れをはらんでいるのだ。

「おっしゃる通り、そういう危険性はあると思います。だから僕も、あの発言を映画に残すかどうか悩んだのですが、最終的には、彼がそういう恐怖を抱いているという事実を大事にしようと判断しました。あの発言なしには、彼自身の苦しみが充分に伝わらないだろうと」

「つまり想田さんはそういう選択をされたということですね」

「そういうことです」

印象的だったのは、僕の答えを聞いても、谷口さんの表情が「すっかり腑《ふ》に落ちた」という具合には晴れていなかったことである。

僕はそこが気がかりであると同時に、谷口さんの誠実で真面目な人柄を垣間見た気がした。

なぜならこの問題は、簡単には割り切れないからだ。

僕自身、あの場面を「残す」と自分で決めたはいいものの、その決断が一〇〇%正しかったとは今でも確信があるわけではない。簡単に腑に落ちるのは、むしろおかしいことなのだと思う。

五〇年ぶりに刑務所から出てくる「未成年終身刑囚」

いずれにせよ、このときの邂逅《かいこう》がきっかけになり、僕は谷口さんと親交を深めていった。谷口さんは学業の傍ら、週に二回、インターンとしてデトロイトの弁護士事務所で働いていた。SADO(State Appellate Defender Office)と呼ばれる、刑事訴訟の控訴手続きを専門とするミシガン州立の組織である。

日本でいえば、国選弁護人を専門に引き受けるような組織である。州から給料をもらう弁護士やスタッフが、お金のない刑事被告人たちの弁護活動を行う。専属の弁護士だけで二〇人以上を抱えている。

そして二〇一六年の暮れも押し詰まったある日、谷口さんは僕にこう言ったのである。

「ジョン・ホールさんという人が二月二日に出所されます。彼は一六歳のときに殺人を犯して〝絶対的終身刑〟を言い渡されて、一七歳から服役しているんですが、五〇年ぶりに刑務所から出てきます」

「うわあ、ってことは、いま何歳?」

「六七歳です」

一八四六年、ミシガン州は他州に先駆けて、死刑制度を廃止していた。

その代わり、同州ではたいてい、殺人を犯した人には仮釈放の可能性がない「絶対的終身刑」が科せられてきた。それは少年時代に罪を犯した人も同様で、ミシガン州の刑務所には

「juvenile lifers」と呼ばれる「未成年終身刑囚」が多数服役していた。

ところが二〇一二年、連邦最高裁は、未成年者に対して「絶対的終身刑」を自動的に科すのは、「残酷で異常な刑罰」を禁じた合衆国憲法違反だと結論づける判決を出す。

いわゆる「ミラー判決」である。

この判決を受けて、SADOは未成年終身刑囚たちの再審の弁護を引き受けることになり、実際に仮釈放を獲得し始めていた。そのため谷口さんは、彼らが出所してきた際のサポート体制の構築を担当していたのである。

五〇年ぶりに刑務所から出てくるということは、ホール氏が服役し始めたのは一九六〇年代である。僕が生まれるころには、すでに刑務所にいたということだ。

そう考えた瞬間、すうっと気が遠くなるような気がした。

五〇年ぶりに見る外の世界……。ＳＦ映画か何かの世界に見えるのではないだろうか。

「ミスター・ホールには高齢のお姉さんがジョージア州にいるだけで、頼れる家族や友人がいません。だから僕が刑務所まで迎えに行くことになりそうです」

「そうですか。じゃあ、どこに住むんだろ……」

「たぶんとりあえずはホームレス用のシェルターになってしまうでしょうね。でもそこも基本的には九〇日間しかいられないんですよ」

「ってことは、九〇日の間に自分で住む場所を探さないといけないわけですね。ホールさんはお金、あるんですか」

「いや、所持金は刑務所で稼いだ一〇ドルか二〇ドルくらいしかないみたいです」

「えーっ、でも生活保護とかって出るんですよね？」

「いや、アメリカの場合、ホールさんのような単身者に現金を支給する生活保護のシステムはないんですよ。食べ物を買うためのフードスタンプは、月に二〇〇ドル弱出るみたいですけど」

「それは厳しいですね……」

話を聞きながら、僕は強い衝撃を受けていた。五〇年ぶりの出所は、ホール氏にとってはタイムマシーンでいきなり未来に舞い降りるような経験になるだろう。それなのに家族は近くにいないし、お金もない。住む場所も九〇日間しか保障されない。六七歳という年齢を考えれば、仕事だって簡単には見つからないだろう。

いったい彼はどうなるのだろうか……？

そして谷口さんは、なぜ僕にこんな話をするのだろう？　もしかすると、よかったら撮影しないかという誘いなのだろうか？

僕は思い切って聞いてみた。

「それってもしかして、出所されるときから密着して撮影できる可能性はありますか」

「ご本人がオーケーなら可能性はあると思います」

可能性、あるのか……。

もしホール氏が刑務所から出るところから密着し、〝娑婆〟で生きていく様子を撮れるのであれば、それだけで見応えのある映画になるだろう。僕にはそういう確信が生じていた。ちなみに、刑務所のことを俗語で〝ビッグハウス〟とも言う。その点にも不思議な巡り合わせを感じざるをえなかった。

規与子に意見を聞いてみると、彼女も相当に乗り気である。

「もし撮らせてもらえるなら、絶対に撮るべきでしょ。私も撮影に行きたいな」

2017年元旦の「初詣」.

デトロイトと〝アナーバー・バブル〟

僕は早速、谷口さんからSADOの所長の連絡先を教えてもらった。ドーン・ヴァン・ホエクという女性である。

二〇一七年元旦、僕と規与子は〝初詣〟と称して、聖地・ビッグハウスを詣でた。そしてその日のうちにドーンへ、自己紹介と撮影申し込みを兼ねたメールを送った。

するとすぐに返信があり、早くも一月六日、デトロイトのオフィスで顔合わせをすることになった。

デトロイト市は、アナーバーから車で一時間弱の距離にある。

同市はかつて、フォードやゼネラルモーターズ、クライスラーなど、自動車産業の中心地として栄えた。社会科の時間で「デトロイト＝自動車」と暗記させられた読者も多いのではないだろうか。

だが、一九六七年のデトロイト暴動をきっかけに、白人人口が郊外へ流出。市内の人口は激減し、残った市民の八割を黒人が占めるようになった。一九五〇年には白人が人口の八割を占めていたことを考えると、いかに劇的な変化が起きたかがわかるであろう。

くわえて、安価な日本車の進出などで自動車産業が大打撃を受けると、街は急速に荒廃していく。貧困がはびこり、住宅地やオフィス街の廃墟化が進み、一九八八年にはミシガン・セントラル駅までもが廃業。東京でいえば東京駅のような存在の駅が、現在に至るまで廃墟のまま放置されている。

そのため、治安の悪さでは全米でも常に上位である。

映画『ロボコップ』(一九八七年、ポール・バーホーベン監督)が、近未来のデトロイトを舞台にしてディストピアを描いたことはあまりにも有名だ。二〇一三年にはついに市が財政破綻に陥り、デトロイトはさらに混迷を深めつつある。

ドーンとの顔合わせの日、僕は規与子と一緒に、谷口さんの車に同乗させてもらうことになった。破格の値段で譲り受けたという中古車である。エアコンが効かないので夏は地獄なのだとか。その車に乗って、ハイウェイをびゅんびゅん飛ばしていく。

「想田さんには、アナーバーだけではなくデトロイトも観てほしいなと思って。アナーバーの輝きは、ネガ的な存在であるデトロイトの存在あってのことだと僕には思えます。でもそのことは、〝アナーバー・バブル〟の中にいると、よくわからないと思います」

谷口さんが言う〝バブル〟というのは、最近アメリカでよく使われる表現である。それは透明な境界線の中にある、似た者同士だけが住む安全な領域のことを指す。いわゆる「バブル経済」のバブルではない。

僕はアナーバーに住み始めて間もないころ、この街がいかに文化的で住みやすいかということについて、オンライン上のコラムに書き記していた。それを読んだ谷口さんは、僕がアナーバー・バブルの住人になりつつあると感じたのだろう。

住む場所と人種と社会階層

SADOの事務所は、デトロイトのダウンタウンのど真ん中にあった。

四七階建ての摩天楼。その三三階と三四階を占める大きくて立派なオフィスである。「お金のない人を弁護する弁護士事務所」という情報から、こじんまりとした雑居ビルのようなものを勝手に想像していた僕は、意外な感に打たれた。

所長のドーンは顔合わせに、副所長のマイケル・ミトルスタット弁護士、未成年終身刑囚訴訟チームの主任ヴァレリー・ニューマン弁護士など、主要な人物を同席させていた。いかにも「できる人」のやり方である。

実際、ドーンは極めて聡明な女性に見えた。彼女自身、一九七〇年代からSADOで弁護士として働き続けてきたという、いわば現場から上りつめた人である。

僕が観察映画の趣旨を述べ、

「事前のリサーチをせず、ゴールを決めないで撮る手法なので、どんな映画になるかは編集してみないとわかりません。撮影の対象も、ホール氏だけに限られるのか、SADOの活動全体になるのか、撮り始めてみないとわかりません」

と言うと、そのことに不安になるよりも、むしろ歓迎する風だった。きっと組織の活動に自信を持っているのであろう。どうぞどこからでも好きなように観察してくれ、という感じである。

僕がミシガン大で教えていることを伝えると、

「私もミシガン大出身ですよ」

と顔がほころんだ。聞けば、ドーンもマイケルもアナーバーに住んでいて、事務所には毎日車で通っているのだという。

撮影を進めるにつれてわかっていったことだが、SADOの依頼人の多くは、黒人の男性である。何らかの罪を犯して投獄され、いわば社会の底辺に沈んでしまった人々だ。

しかし彼らの支援をする弁護士やスタッフは、必然的に社会ではエリート層になる。そしてエリート層の多くは白人で、デトロイト市内には住んでいないのだ。

僕や規与子ももちろん、そうした構図から逃れられているわけではない。

そもそも大学で教え、アナーバー市に住んでいるという事実そのものが、僕らのアメリカ社会における位置を物語っている。別にそう意識して選んだわけではなくても、僕らは明らかにエリート層の側にいるのである。

先述したように、アナーバー市の七三％は白人で、黒人人口は約八％にすぎない。逆にデトロイトの住人の八割は黒人だ。アナーバーとデトロイトは、車で一時間しか離れていないにもかかわらず、まったく対照的な街だといえるであろう。

「前向きに検討して、結果をお知らせします」

ドーンは僕らにそう言って、ミーティングを締めくくった。

そして一月二六日、SADOから正式に撮影のゴーサインが出たのである。

「ここを出たら、本物のフライドチキンが食べたい」

第一回目の撮影は、急遽、一月三一日に行うことになった。

すでに述べたように、ジョン・ホール氏は二月二日、五〇年ぶりに刑務所から出所する。それを間近に控えた三一日、ヴァレリー・ニューマン弁護士と谷口さんが、刑務所にいるホール氏と最後の打ち合わせをすることになったのだ。ヴァレリーはホール氏の仮釈放を勝ち取った担当弁護士である。

ホール氏との打ち合わせといっても、ヴァレリーや谷口さんが刑務所に出向くわけではない。SADOと刑務所はビデオ回線でつながれていて、事前にアポイントを取れば受刑者とビデオ通話をすることができる。いわゆる「ビデオ訪問」である。SADOの弁護士たちはこのシステムを利用して、かなり頻繁に塀の中の依頼人と打ち合わせをしているようだった。

僕らはこのビデオ訪問を撮影する許可を事前に得ていた。ただし、ミシガン州の刑務所の方針で、受刑者の顔を写すことは禁じられている。そこでカメラをヴァレリーと谷口さん側に向けながら、ビデオ訪問を撮り始めた。

「ハロー、ミスター・ホール！　お元気ですか？　出所を控えてどうですか？」

「とても元気です。嬉しくて涙が出るくらいだよ」

テレビ画面に映し出されたホール氏は、坊主頭の黒人男性。ブルーとオレンジ色の囚人服を着ている。出所を目の前にして高揚気味にみえる。

「明後日はモトキたちと一緒に私も迎えに行きます。最初のハグは私にくださいね！」

ヴァレリーがホール氏に言った。

彼女は弁護士のステレオタイプに反して、服装はカジュアル。Gパンにコーデュロイの赤いシャツを着ている。髪はブロンドで、親しみやすそうなくだけた雰囲気の人だ。「モトキ」というのは、谷口さんのファーストネームである。

「出所後は、いろいろと大変です。でも私たちの仕事はこれで終わりではなく、引き続きホールさんをサポートしていきますから、何か困ったことがあったらいつでも教えてほしい。私の携帯電話の番号を教えますから」

ヴァレリーの言葉に、谷口さんがつけ加える。

「出所されたら、教会など、ホールさんを支援できる方々とつなぎますから」

「本当にありがとうございます。みなさんに出会えて本当に良かった。刑務所から出られる日が来るとは思っていなかった。感謝の言葉もない……」

ホール氏の声は、感極まっていた。そしてビデオ通話を切る直前、こう言った。

「ここを出たら、美味しいものが食べたいです」

「何が食べたいの？」

「本物のフライドチキン！　刑務所では焼いたチキンは出るけど、フライドチキンは食べられないんだよ」

「じゃあ、美味しいお店を探しておくね！」

アメリカの厳しい現実

ビデオ訪問は、なごやかな雰囲気のうちに終わった。この会話だけを聞いていると、ホール氏の前途は洋々のようにもみえたであろう。

しかし帰りの車中、谷口さんの声には、緊張と不安が入り混じっていた。

「刑務所から出てくるのはいいけれど、いったいどうやって生きていけるのか……」

なにしろホール氏は、先述したようにデトロイトには身寄りがない。ホール氏をシングルマザーとして育てた母親は、彼が獄中にいる間に亡くなっていた。現金を支給する生活保護もない中、今後どうしたら住む場所を確保し、生計を立てていけるというのか。

アメリカの保守主義者が言うように「自助努力を尊ぶ」と言えば聞こえがいいが、要は政府による個人の支援は最小限。というより、放任に近い。

アメリカという国の厳しい現実である。

だが、もっと驚いたことがある。

もし明後日、谷口さんたちが人里離れたコットン刑務所まで迎えにいかなければ、いったいホール氏はどうなっていたか。

彼は刑務所から一人で長距離バスに乗り、その日のうちにデトロイトの保護観察所で諸々の手続きをすませ、自力でホームレス・シェルターまで辿り着かなくてはならなかった。その際、刑務所から支給されるのは長距離バスの切符だけだ。

だが、長距離バスの停留所から保護観察所までは、とても歩いて行けるような距離ではない。保護観察所からシェルターまでも同様だ。

デトロイトの公共交通機関は無きに等しいので、ホール氏はタクシーを利用するしかないが、彼には所持金がほとんどない。保護観察所にたどり着くことすら難しいだろう。そして保護観察所に出頭できなければ、それだけで違反行為となり、刑務所に逆戻りである。

つまり谷口さんらによる「刑務所からの送迎」という支援は、単なる送り迎えではない。それは氏のこれからの人生の成否を左右しうる生命線ともいえるのである。

驚くべきことは、それほどまでに重要な支援が、制度化されているわけではないということだ。谷口さんやSADOには、ホール氏を迎えに行く義務はない。迎えに行くのは彼らの好意であり、ボランティア精神によるものなのだ。

そもそも谷口さんの身分も、学生のインターンである。給料はもらっていない。そういう彼が、一人の人間の運命を左右する重要な福祉活動の中心にいるのである。

「やっと自由になれた……」


二月二日、いよいよホール氏の出所日がやってきた。

午前六時四五分、まだ真っ暗である。僕と規与子は谷口さんの車に乗せてもらい、ホール氏のいるコットン刑務所へ向かった。

道中、やはりSADOでインターンをしているエリザベスさんが合流。彼女は赤いバラの鉢植えを抱えていた。出所祝いとして、ホール氏に贈呈するのだそうだ。

コットン刑務所は、ジャクソンという町にある。アナーバーから車で一時間くらいの距離だ。ジャクソンには、コットンを含め四つのミシガン州立の刑務所が集中している。いわば刑務所が主要産業のひとつのような街である。

車が刑務所に着くころには、日が昇り始めていた。気温はマイナス一二度。息をすると鼻腔が凍りつきそうである。

駐車場でカメラを持って車を降りたら、さっそく警備の人に見咎められた。

「刑務所の広報から撮影許可をもらっています」

そう告げると、疑り深い顔で後ろからついてくる。

しかし幸運にも、刑務所の入り口では広報課のクリスが待ち構えていた。ヴァレリーを通じて、僕らに撮影許可をくれた人物である。彼のおかげで、僕らは難なく刑務所のロビーに入ることができた。

ホール氏はまだロビーに出てきていないようだ。ヴァレリーもまだ着いていない。しかし僕は彼が鉄格子の背後から出てくる瞬間を取り逃がすまいと、カメラを回し始めた。谷口さんとエリザベスが、ロビーの椅子に腰掛ける。

二人はしばらく世間話をしていたが、突然、谷口さんがロビーの奥の方に目を凝らしてつぶやいた。

「あれ？　あそこに立ってるの、ミスター・ジョン・ホール……？」

「え？　ちょっと似てるけど……」

二人が立ち上がる。近づいてみると、やはりそれはジョン・ホール氏その人であった。紺のニット帽に、カーキ色のジャンパーを着ている。ビデオ訪問で見慣れている囚人服ではなかったため、二人にもすぐには認識できなかったのであろう。

「ミスター・ジョン・ホール！」

二人は叫んで、ホール氏に駆け寄った。そして満面の笑みでハグをした。

「ホールさんだったんですね！」

「そうだよ、俺だよ！」

ホール氏も興奮している。目からは涙がこぼれ落ちていた。

「やっと出てこれた……。五〇年だよ、五〇年……。本当に辛かった。これからは社会のために貢献したいです……」

「きっと貢献できますよ」

ジョン・ホール氏.

するると遅ればせながら、ヴァレリーがやってきた。ホール氏はヴァレリーに駆け寄り、固くハグをした。

「やっと自由になれた……」

その一部始終を撮影している報道写真家がいた。地元紙「デトロイト・フリー・プレス」のカメラマンである。彼の脇には同紙の記者もいて、さっそく別室でホール氏のインタビューを開始した。

ホール氏の横にヴァレリーがぴたりとくっついている。

ホール氏は一九六七年、路上でたまたま通りかかった七三歳の男性を、仲間と一緒に強盗した。男性はそのときの怪我がもとで死亡。仲間は逃げて今でも行方不明だが、ホール氏は捕まって絶対的終身刑を科された。

彼は記者の質問に答えながら泣いていた。

「私は一人の人間の命を奪ってしまった……。これは取り返しのつかないことです。彼の奥さんは、私を許してくださった。彼女は私の母と裁判を共に傍聴し、母と友達になったんです。でも、彼女は事件を忘れることはできない。私もそうです。私はその事実とともに一生、生きて行かなければならない……」

刑務所を後にするホール氏，エリザベス，谷口さん．

映画『Second Life』から見えるアメリカ

映画『Second Life』の撮影はこのようにして始まり、四月の下旬まで続けた。

その撮影内容の詳細を書こうとすると、本がもう一冊必要になってしまうので別の機会にゆずる。ここでは撮影を通して見えてきた「アメリカ」や「デトロイト」について、撮影終了の時点で感じたことを記しておく。

まず驚かされたのは、デトロイトの人々が「刑務所帰り」のホール氏を敬遠するどころか、非常に温かく迎えていたことである。

路上やお店で彼にカメラを向けていると、いろんな人が僕や規与子に聞いてくる。

「あれ、誰？　有名人？」

こうした質問に対して、僕らは当初答えに窮《きゅう》したものだ。なぜなら、

「彼は五〇年間刑務所で暮らしていて、出てきたばかりなんです」

などと正直に答えてしまったら、ホール氏が肩身の狭い思いをするのではないかと気がかりだったからである。ところがそれは、杞憂であることがだんだんわかってきた。

彼が五〇年ぶりに刑務所から出てきたことがわかると、たいていの人は、

「わおっ、五〇年も！　Welcome back!」

と言ってハグや握手をして、ホール氏を大歓迎していた。

その背景には、デトロイトにはあまりにも刑務所帰りの人が多いということがあるだろう。ミシガン州の子供の実に一〇％が、服役中か過去に服役した経験のある親を持つという統計もある。

実際、僕らが撮影中に会った人の多くは、「私も一〇年服役していました」だの、「息子が刑

務所にいます」だのと、身近な〝刑務所話〟に花を咲かせていた。

デトロイトの人々にとって、良くも悪くも「returning citizens(帰ってきた市民)」は、日常の一部なのである。そのせいか、ホール氏を助けようという人も次々に現れた。

例えば、ホール氏が出所後初めてのフライドチキンを食べた、お店のオーナー。彼は氏の身の上話を聞いて、その場で一〇〇ドルを包んで手渡した。

また、ホール氏の出所を新聞で知ったという、幼馴染のウィリアムさん。彼はホール氏に携帯電話をプレゼントし、使用料を負担することを申し出た。

そして、谷口さんがホール氏に紹介した「ホープ・チャーチ」という教会のジュン・ウォーカーさん。

彼女はかつてドラッグ中毒でホームレスになり、刑務所にも入ったことがある「経験者」である。ジュンはその経験を生かし、普段から服役囚や〝帰ってきた市民〟の支援活動をしていた。だからホール氏の支援も、実に手慣れたものだった。

まずはホール氏の日用品を揃えるのを手伝い、非営利団体で無償で古着を揃えた。そしてさらに、教会が所有する住宅に〝空き〟が出たからと、ホール氏に住む部屋を提供してくれた。住宅は、元服役囚のために教会が借り上げているものだそうだ。

しかしなにより驚いたのは、「ジョージア州にいる姉に一目会いたいけど、飛行機に乗るのが怖い」というホール氏に、「じゃあ、私が車で乗せていってあげる」と、ボランティアで運転手を引き受けたことである。

ジョージアまでは車で片道一三時間くらいかかるので、少なくとも全行程に三、四日はかかる。彼女がいくら敬虔なクリスチャンかつ服役経験者であるとはいえ、「ボランティア」の範囲をはるかに超えたコミットメントであろう。

「福祉」の本来の姿とは？

いずれにせよ、こんな調子で、家族もお金も住む場所も何もなかったホール氏のもとには、必要なものや手助けが自然に集まってきていた。

注意してほしいのは、それらのほとんどは、市井の人々の善意の産物だということである。行政による支援は、非常に限られているといってよい。

不思議だったのは、これが日本であれば「行政はいったい何をしているんだ」とみんなが不満を言うところだろうが、そういう声をほとんど聞かなかったことである。というより、彼らは行政には何も期待していないようにみえる。だからこそ人々は自分たちでなんとかしようとするし、実際になんとかしてしまうのだろう。

それがはたして良いことなのか、悲しいことなのか。

微妙な問題ではある。

私見では、元服役囚が社会にスムーズに帰れるようなシステムを構築する責任は、一義的には行政にあるはずだ。そうでなければ元服役囚の人権は危険に晒されるし、再犯の可能性も高まるであろう。デトロイトないしアメリカにそうしたシステムが欠落していることは、基本的には憂うべきことだと思う。しかし同時に、こんな気もしていた。

「今回ホール氏の周辺で目の当たりにしたような光景は、実は〝福祉〟の本来あるべき姿なのかもしれない……」

福祉の本質は「困った人に手を差し伸べる」ことであり、それはおそらく人類が太古の昔から行ってきた行為である。人間とは一人では生きて行けぬ社会的動物であり、互いに助け合おうとする性質があるからだ。そういう意味では、福祉とは国家や自治体などよりもはるかに古い、人類学的な行為であるといえるだろう。

ところが日本では、福祉とは基本的に行政が担うサービスであり、福祉の貧困は政治の貧困だと考えられている節がある。

僕なども典型で、困っている人がいたら自分自身が直接助けようとするよりも、ほとんど自動的に政治や行政へ「どうにかしてくれ」と働きかけようとしてきたような気がする。もちろんそうでない人がいるのも知っているが、僕のような人間は日本には多いのではないだろうか。

アメリカ式の凄いところは、人々が公的機関をあてにせず、自らの意志と善意だけで困った人を助けようとすることだ。

その際、行政のように典型的なパターンを想定してプログラムを組むのではなく、人々は目の前にいる具体的な人を助けようとするので、切実に必要とされることだけが行われ、無駄が生じにくい。また、支援のスピードも早い。

もしホール氏が周りから受けた個人的支援を行政を通じて行おうとしたら、さまざまな手続きや認可に果てしない手間暇がかかったことは想像に難くない。例えばフライドチキンのお店の店主は、その場でポンとホール氏に一〇〇ドルを渡したが、同じことを行政が行おうとしたら、大変な手続きが必要となったであろう。

いずれにせよ、出所後のホール氏を追う過程で、僕のアメリカ社会に対する見方が修正を余儀なくされたのは確かだ。

僕は福祉制度の脆弱なアメリカを、「弱っている人や困った人に冷たい社会」だと思い込んでいた。しかし実際には、国や行政が何もしない分、市井《しせい》の人々には助け合いやボランティアの精神が根づいているのである。

このことは実は、ミシガン大学などの公的な教育研究機関でさえ、寄付などによって財政が賄われていることと、根っ子ではつながっているように思う。

つまり何をするのにも政府や行政機関を通すのではなく、自分たちが直接手を下して何とかしようという精神。「中央」がなんとかするのを待つのではなく、「現場」の人々がやりたいようにやってしまう、分権的な精神である。

デトロイトで映画を一本撮ることで、アナーバー・バブルの中にいただけでは決して理解できない「アメリカ」を垣間見たように思う。

第8章 映画をどう終えるか

研究室を「編集室」にする

デトロイトで『Second Life』を撮りながら、僕は『ザ・ビッグハウス』の編集も進めていかなければならなかった。先述した通り、編集は僕が担当し、ヴェサル、サリカ、ショーンの三人が編集助手としてつく。

マークの発案で、僕が使わせてもらっている研究室にマックベースの編集システムを入れて、編集室として使うことになった。そして学生三人にも研究室への鍵を渡し、いつでも出入りできるようにしておく。

彼らは学生であり単位も取ることになるので、純粋な「助手」ではない。したがって教育的見地から仕事を振っていく必要がある。

三人にはまず、手分けして未編集映像素材のロギングをするように頼んだ。

合計一七人が撮った映像をすべて観て、その内容を書き起こしていく。大変な作業だが、これをやっておくと、後でどの映像がどこにあったのか、すぐに探すことができる。同時に、他

人が撮った映像を観ることは、とても勉強になるはずである。
また、実際の編集作業では、学生たちには僕のオペレーターを務めてもらうことにした。今日はヴェサル、明日はサリカ、明後日はショーンという具合に、僕と二人で編集室へ入り、僕が言葉で指示を出す通りに編集作業をしてもらう。

正直、僕が自分で編集作業をする方がはるかに早いのだが、これを行うと彼らの勉強になるはずだ。僕の指示通りに編集し、ときにはその理由について議論もすることで、編集のテクニックや発想を学ぶことができるからである。

編集を急ピッチで進める

デトロイトでの撮影を続けながら、撮影のない日には『ザ・ビッグハウス』の編集作業をする。それと並行して、『港町』の仕上げ作業も行う。

そういうハードな日々が続いた。

「ミシガンで学生たちと一緒にゆっくりとドキュメンタリーについて、映画について、考える時間が持ちたい」

あんな期待を抱いていたことが、なんだか滑稽である。

それは規与子も同様だ。デトロイトでの撮影には、プロデューサーとして必ず帯同していたので、もはや「休暇」という風情ではない。別便で送ってきた大量の太極拳の本も、ほとんど読んでいない様子だった。

『ザ・ビッグハウス』のプロジェクトの当面の目標は、二月一五日に設定した関係者向けの試写会である。体育部のカートや、文学科学芸術学部のアンドリュー・マーティン学部長なども呼ぶことになっている。

それまでに、第一編では三時間一一分あった映画を、二時間強くらいには縮めておきたい。

僕らは急ピッチで編集作業を進めていった。

二月一〇日には第二編が完成。尺は二時間三八分。

シーンをポストイットに書き出し、編集室の壁にペタペタ貼っていった。すでに述べたように、これを使って構成を練り直していくのである。

二月一三日には第三編が完成。尺は二時間二五分。学生たち三人とマーク、テリーと一緒に試写し、意見を交換した。

二月一五日、関係者試写会の当日になって、第三編をさらに微調整。二時間二二分にまで縮めた。

この時点で、第一編のときに議論の的になった「ビッグハウス脇での反トランプデモ」で終わるラストは、変更されていないままだ。

というより、変更のしようがないように、僕は感じていた。

繰り返し述べてきたように、「反トランプデモ」で終わるラストには、どうしても異物感がある。また、観客をズドーンと奈落の底に突き落としてしまう。その突き落とし方が強烈すぎて、映画の印象を一八〇度転換させてしまうという嫌いもある。そういう意味では、かなり問題のある終わり方である。

だが、すでに論じたように、だからといってあの場面をラスト以外に入れることは、映画の構造上不可能である。では思い切ってカットしてしまえばよいかといえば、それでは見たくない「現実」に蓋《ふた》をしてしまうような気がする。

編集を進めるにつれ、僕はそういう確信を強めていた。

#resist（抵抗）

しかしそんななか突然、一種のブレークスルーが起きた。マークが妙案を思いついたのである。

「ラストの後に、反トランプの〝女性の行進〟を追加したらどうだろう？」

一月二一日、トランプの大統領就任に抗議して、ワシントンＤＣのみならず全米で大規模な「女性の行進(Women's March)」が起きていた。

それはアナーバーでも同様で、市内の目ぬき通りはものすごい数の人で埋まり、僕はその様子をiPhoneの動画機能で撮っていた。ヴェサルとレイチェルとジェイコブは、『ザ・ビッグハウス』の制作とは無関係にわざわざワシントンＤＣまで泊まりがけで行って、撮影を敢行していた。サリカもアナーバーで女性の行進を撮影していた。

たしかにあの「女性の行進」の映像を最後に付け加えれば、映画の印象もかなり変わるはずだ。ビッグハウス脇の反トランプデモでは、リベラル勢はトランプ支持者に一方的にやられっぱなしだったが、女性の行進を付け加えれば、大規模な反撃ぶりを見せることができる。

具体的には、ラストは次のような構成になる。

(1)学長のスピーチ
(2)スタジアムに向かう人々
(3)スタジアムが人々で埋まっていくコマ撮り映像。クレジットを表示
(4)「エピローグ」というインタータイトル
(5)反トランプデモ
(6)女性の行進

実際、反トランプ勢力による反撃には、目覚ましいものがあった。

ソーシャルメディアでは「#resist(抵抗)」というタグが現れ、「これは民主主義を守るためのレジスタンスなのだ」という視点が早々に打ち出されていた。

トランプがイスラム七カ国からの人々の入国を禁じる大統領令を出した際には、弁護団が即日裁判所に訴え、大統領令の執行を禁じる仮処分を勝ち取っていた。

ほとんどの新聞やテレビは臆することなく、トランプ政権の政策や行動を激しく批判していた。

アメリカの政治を左右に揺れる「振り子」に喩える人は多いが、まさにその通りである。振

アナーバー市内で行われた「女性の行進」.

り子が極端に右へ振れたとしても、そのまま一方的に右にとどまり続けることはない。右へ振れたらかならずその揺り戻しとして、今度は左へ振れるのだ。

その様子は、日本とはずいぶん異なる。

日本では第二次安倍晋三政権誕生以来、じわじわ、こそこそと、低温やけどのごとく、政治状況は「右」へ振れ続け、民主的システムを本格的に毀損《きそん》してきた。メディアや裁判所や国会は内閣の意向を「忖度《そんたく》」し、主権者は安倍政権を繰り返し選挙で勝たせてきた。その流れに抗《あらが》う人もいるが、圧倒的に少数派である。僕はその様相を「熱狂なきファシズム」と呼び、これまでにたびたび警鐘を鳴らしてきた。

日本の状況を見慣れてきた僕は、正直、アメリカでも同じようなことが起きるのではないかと悲観していた。大統領という強大な権力を反民主的勢力に握られてしまった以上、アメリカのデモクラシーは日本のそれのごとく、骨抜きにされてしまうのではないか。そう、懸念していた。

だからアメリカにおける反トランプ運動の盛り上がりに

は驚かされたし、心強くも感じていた。同時に、祖国・日本との差を見せつけられて悲しくもなっていたのである。

いずれにせよ、女性の行進をラストに付け加えれば、「アメリカ」の重要な一面を見せることができるだろう。

僕らは「女性の行進」をラストに追加することで、意見が一致した。

「宝物」探し

一方、マークは「宝物」の取りこぼしがないよう、一七人が撮ったすべての映像素材を一から見直す作業を進めていた。

驚いたのは、彼の学者らしい入念さである。マークは映画に使えそうな、見過ごされていたショットのリストをエクセルの表にまとめていた。表には一つひとつのショットの内容が細かく記されている。

僕とマークは、これらのショットを二日がかりで一緒に見直して、映画に使えるかどうかを検討した。そしてその中から、実際に「宝物」をいくつも掘り出すことに成功した。

その一つは、試合前に神に祈る、黒人プレイヤーの姿を映し出したショットである(写真)。マーチングバンドが退場するなかフィールドにひざまずき、相当に長い時間、彼は祈り続ける。このショットを組み込むと、「聖地」としてのスタジアムというテーマが、よりいっそう強化される。彼のユニフォームのあちこちにナイキのロゴが入っているのも、何かを象徴している。

オードリーが撮ったショットのようだが、今まで見過ごしていたのが信じられないくらい重要な画である。

また、マークは大統領選挙に関係するショットも数多く発掘していた。ラストを「反トランプデモ」と「女性の行進」で締めるなら、大統領選挙の影を映画に散りばめておく必要がある。そうでないと、ラストがあまりにも唐突に感じられてしまうからだ。

掘り出し物のショットのひとつは、ブリティが撮っていた映像だ。試合日になると、一〇万人の観客を目当てに、さまざまな宣伝用飛行機がバナーを牽引してスタジアム上空を飛ぶのだが、彼女が撮ったバナーには、

「トランプを大統領に　中国系米国人の会(Chinese Americans For Trump)」

と書かれていた。

中国系アメリカ人がどうしてトランプを支持するのか、その理由がよくわからない。しかしその謎も含めて、なんとも趣のある、面白いショットである。

こうしたショットを丹念に組み込んでいくことで、映画の世界は豊かさを増していく。

「関係者お披露目試写会」での波紋

四月三日、第六編が完成し、学生三人とテリー、マークと一緒に試写を行った。尺は一二五分。反応は上々。これでついに「ピクチャー・ロック」である。つま

り編集は終了。後はカラーコレクション(色調補正)と音声のミックスをするだけだ。僕がニューヨークに帰ってから、ゆっくりと仕上げることになる。

他方、マークは日本研究センターの筒井清輝先生と一緒に、映画『ザ・ビッグハウス』の関係者向け「お披露目試写会」を計画していた。僕が帰る前に、今年度の「トヨタ招聘教授」の成果を発表しておこうという趣旨である。

だが、四月一四日に開かれたこの試写会が、新たな波紋を呼ぶことになる。

映画のラストが再び、激しい議論の的になったのである。

「とても素晴らしい映画でした。しかし、最後の七分間が台無しにしていると思いました。なぜあのようなシーンを入れる必要があるのか」

「すごく楽しく観ていたのに、最後の最後に突き落とされました」

学科内の先生や学生から、そうした率直な意見が挙がった。

観客が一〇〇人いれば、一〇〇通りの感想があるはずだ。したがって、このような意見や感想を抱く人がいるのは、当然のことである。

いずれにせよ、ラストの問題は、僕の中ではすでに解決している問題であった。僕らはそうした意見が出てくることを重々承知した上で、それでもあのラストが必要だと考えて、残すことを決断したからだ。

そもそも映画を観た人すべてに気に入ってもらえることなど、土台無理な話である。であるならば、作り手は自分が「こうだ」と信じる映画を世の中に送り出すしかない。僕はそう考えて、これまで映画を作り続けてきたのである。

実際、試写会後のレセプションでは、「ラストが良かった」という人も何人かいた。

メディア論を専門とされ、たまたまミシガン大学に客員研究員として来られていた長谷川一明治学院大学教授もその一人である。また、ミシガン大の博士課程で歴史学を勉強されている松坂裕晃さんも、ラストを熱心に褒めてくれた。

思った通り、反応は十人十色なのである。

「僕らの映画まで、トランプに台無しにされてもいいの？」

ところがレセプション後、筒井先生が開いてくださった飲み会に行って、ちょっと驚いた。マークが突然、こう言い出したのである。

「あのエンディング、やっぱりカットすべきじゃないか。レセプションでいろんな意見を聞いてみて、そう思いました」

「えっ？　本気で言ってる？　みんなの意見は、あくまでも観客の意見でしょう。僕らは作り手としてよく議論して、その結果、あれで行こうって決めたじゃない？」

「それはそうだけど、観客たちとディスカッションをしながら、僕の意見が変わったんですよ」

どうやらマークは本気で言っているようである。

筒井先生は少し驚いた様子で、マークに反論した。

「でも、あのラストがいいんじゃないかなあ……」

おお、筒井先生もラストの支持者だったか。だが、マークも引き下がろうとしない。

「今日のレセプションで僕が話した人は、みんなあのラストのことばかりを話題にしてました。その前に二時間近くいろんなものを丹念に見せているのに、最後の七分間のせいでそれが全部吹き飛んでしまう。いわばトランプに映画が乗っ取られてしまうんです。トランプが触るものは、全部台無しになってしまう。僕らの愛する映画まで、トランプに台無しにされてもいいの？」

たしかにマークの言うことには一理ある。僕もラストのことばかりが話題になってしまうのは残念である。

しかし、そのことを「トランプが映画を台無しにする」と考えてしまうのは、どうなのだろう？

ドナルド・トランプがビッグハウスに集う人までも分断し、「聖地」をある意味で台無しにしていることは事実である。その残念な様子を映画のラストは描いている。しかしそれは、映画まで台無しにしていることを意味するわけではないはずだ。

マークは、映画とビッグハウスを同一視しすぎているのではないか……？

僕にはそう、感じられた。そしてその背景には、マーク自身のビッグハウスに対する強い思い入れや愛情があるように感じられた。また、自分の愛する国や文化を汚しまくるトランプという怪物に対する、強い拒絶感があるように感じられた。

ラストを気に入った人たちが、今のところ日本人に多いというのも、その見方と矛盾しない。日本人は、良くも悪くも、アメリカではアウトサイダーである。

人生の半分以上をアメリカで過ごしている僕ですら、不思議なまでにアメリカは「よその国」であり続けている。オリンピックなどで気になるのは日本人選手の活躍だし、アメリカの政治がいくら酷くても「なんとかしてくれよ」とは思っても、日本の政治のように「なんとかしなくちゃ」とは思いにくい。鳥の雛は最初に目にした動く物体を「お母さん」だと思うように刷り込まれるらしいが、たぶん人間にもそういうものがあるのだろう。

僕ら外国人の中には、ビッグハウスに対しても、アメリカという国に対しても、一定の心理的距離があるのである。そしてその距離の有無が、ラストに対する評価の違いにつながっているのでないか。そう、考えざるをえなかった。

ジム・バーンスタイン氏からのメール

翌朝、ラストを巡る議論はますます激化した。

きっかけは、ハリウッドで活躍するミシガン大出身の脚本家、ジム・バーンスタイン氏から届いたメールである。彼は映像芸術文化学科の教授でもあり、昨晩の試写会に参加していたのだ。アメフトの大ファンでもあるジムは、ラストが映画を台無しにしていると訴えてきた。

「素晴らしい映画でしたが、昨晩は一睡もできませんでした。エンディングについて考えれば考えるほど、作品を毀損するものだと思われたからです。

（略）映画は、被写体のありのままの姿を映し出していました。これほどの正直さが映画作品で映し出されることは稀です。

ところが最後、まだトランプの思わぬ勝利に浮かれている酔っ払いが数人、カメラを意識して芝居を打ち始める。インディアナの感じのよい男性が声をあげたことは救いにみえるかもしれませんが、あれはむしろ、ヒラリーを圧倒的に支持していたスタジアム内のわれわれに対して無意識に放たれた、平手打ちのようなものです。

最後に〝女性の行進〟を付け加えたことも、助けにはなりません。行進したのはビッグハウスの〝外〟にいる人々で、〝中〟にいる人間はアメリカ・ファースト主義者に見えてしまうからです。それは一九六九年のベトナム戦争反対運動に身を投じつつ、アメフトの試合を欠かさず観てきたわれわれには大きな衝撃です。それは『ブラック・アクション運動』のオリジナル・メンバーとして一九七〇年のストライキに参加しつつ、アメフトの試合を欠かさず観てきたわれわれには大きな衝撃です。それはオバマの選挙運動に参加しつつ、アメフトの試合を欠かさず観てきたわれわれには大きな衝撃なのです。

トランプは恐ろしいことに、大統領になってしまいました。あの酔っ払った馬鹿者たちに、ビッグハウスの歴史を決定づけるかのような『最後の言葉』を与えてしまうことは、間違っています。（略）

このエンディングが完全に確定したものではないことを、心から願っています。繰り返しになりますが、最後の最後にしくじるまでは、私はこの映画が大好きでした」

「トランプに映画を乗っ取られてしまう！」

メールを読みながら、僕は複雑な思いを抱いた。

一流の脚本家を一晩中眠れなくするほどのパワーを、あの映画は持っていたのだ。同時に、彼が眠れなくなった原因は、映画というよりも、アメフトファンやビッグハウスの名誉が汚されることにあるようにも思えた。彼はあのエンディングのせいで「アメフトファン＝トランプ支持者」のように見られかねないと感じ、そのことを耐え難い屈辱《くつじょく》だと感じているように読めるからである。

マークはジムに対して、怒濤のごとき長文のメールを返した。それは僕やテリーにもＣＣされていた。

「ありがとう、ジム。（略）昨晩の試写会でエンディングが批判の対象になるであろうことは、僕たちにはわかっていました。ご承知の通り、程度の違いはあるにせよ誰もがアンビバレントな気持ちを抱いていて、これまで際限のない議論を重ねてきました。

あのエンディングを支持する人もいます。そのすべてが外国人であることから察するに、彼らはトランプのエンディングから、アメリカ人が感じるような腹わたを捻《ねじ》られるような痛みを感じないのかもしれません。（略）

トランプはどうも、僕の周りにあるすべての良きものを台無しにしてしまうようです。この愛すべきパワフルな映画もその例外ではありません。反トランプデモ無しでも充分にインパクトのある映画ですが、今のエンディングはその前の二時間を完全に圧倒してしまいます。これ以上にトランプ的なことはないと思います。空虚と怒声がすべての酸素を吸引して、あらゆるものを殺してしまう。いや、殺すわけではありません。それは単に、そこにある良きものを見えなくしてしまうのです。

これはダイレクト・シネマそのものの失敗かもしれません。ダイレクト・シネマは、想田さんの作品がそうであるように、うまく作られれば素晴らしいものになります。最良のものには威厳があります。最悪のものは情熱を欠き、ヒューマンな文脈に無関心です。私たちは最初の九五％までは、『威厳』のある映画を作ることに成功していたのではないか。（略）

ダイレクト・シネマの大きな問題は、自ら課したスタイル上の制約のため、目の前の現実をとらえそこなうということです。反トランプデモが行われたあの日、スタジアム内は葬式のようだったと聞きましたが、その雰囲気をとらえようとしてもとらえきれなかったのではないか。少なくとも非常に難しかったでしょう。しかし別のスタイルのドキュメンタリーであれば、ちょっとしたナレーションやインタータイトルで簡単に表現できたことです。

ダイレクト・シネマにはそれができません。したがって派手なものに頼る傾向があります。誰かがカメラに向かって罵声を浴びせたり、公共の場で人間同士が侮辱しあっていれば、ダイレクト・シネマの作家にはおあつらえ向きです。僕は今、中国のダイレクト・シネマが持つこの倫理的問題について、論文に書いているところです。あなたと話し、メールを読んで思いました。あなたの反応は、僕らの倫理的な逸脱に対するものなのだろうと。

今回の授業では、ドキュメンタリーの理論を教える上で二つのキーワードを使いました。『生命を与えること(vivification)』と『重大さ(magnitude)』です。問題は、とある人間の経験の『重大さ』を観客に感じてもらうために、映画的な道具をどれだけ使って現実に『生命を与える』か、ということです。ダイレクト・シネマの作家たちは、作家としての道具をあまりにも捨ててしまったがために、身動きできなかったり、驚くほど欺瞞《ぎまん》的になったりします。

今回のエンディングはその好例です。スタジアム内の葬式のようなムードを伝えるには、ナレーションやインタータイトルが必要になるでしょう。しかもそれをすることは簡単です。しかしトランプ主義者が礼儀正しい女性たちに罵声を浴びせるのを撮るのも簡単です――カメラにとっては自然に生き生きとしてみえるからです。その結果、『重大さ』を伝える、その方向性が誤ってしまう。目の前の現実をゆがめてしまい、公正さを欠いたり、非倫理的にさえなってしまう。

僕たちは当初、スタジアム脇での反トランプデモで映画を終えていました。しかしあの無残でちっぽけなデモ(僕とフランクが加わったことで人数が二割増しになりました)で終えてしまうと、スタジアム内にいた一〇万人は、無関心層かトランプ支持者だと誤解させてしまうのではないか。そう、僕は指摘しました。(略)それで『女性の行進』を付け加えて、『歴史の歪曲』を少しでも改善しようとしたのです。

実際、少しは改善されたと思います。しかし映画の最初の二時間の優雅さは、そこにはありません。誰かが『デモを矮小化する』と言っていましたが、まさにその通り。アナーバーの映画だからラストはもちろんデモで締めるよね、という感じ。最初の二時間に比べたら、悪趣味で安易で意外性がありません。

それは最初の二時間が成し遂げたことを損ないます。ナショナリズムや人種、階級、持てる者と持てぬ者、資本主義の俗悪さ、そして選挙。それらのイシューは、すでに二時間の間で扱われていました。

もしそれがトランプやトランプ現象の根っ子をとらえているのなら、ラストは何を付け加えるというのでしょうか？　これまでの長い議論の中で出てきた論理は、主に二つです。

まず、『ラストはこの秋の私たちの経験を正確に映し出している』という議論です。しかしこれはセルフドキュメンタリーではありません。選挙のことは、すでに映画のあちらこちらに散りばめられています。あの〝トランプを大統領に　中国系米国人の会〟のバナーを観れば、必ずやそのアイロニーにうめき声を上げるでしょう。あの気の滅入るような反トランプデモはたしかに私たちが経験したことですが、同時にトランプのウンコに自分の鼻を押し付けられるような経験でもあります。なぜそんな経験を追体験しなければならないのでしょう？　そんなことは不要でしょう！　私は嫌です！　毎日のニュースだけでもうんざりしています。そしてこの秋僕たちが経験したことの中で、なぜあの経験をクライマックスに選ばなければならないのでしょうか？　僕らにはどの経験を映画で語るのか、選ぶことができるはずです。

つまり言いたいのは、今のエンディングではトランプに映画を乗っ取られてしまうということです。（略）昨晩の試写会後に起きた九五％の会話は、映画の最後の五％についてのものでした。それは本当に、本当に、悲しいことです。そしてそれはまさに、トランプ時代の典型的な症状だといえるでしょう。僕は今、ドナルド自身に騙されたような気分です。彼は今ごろ笑っているでしょう。

もう一つの議論は、学長のスピーチで終えると、ミシガン大学のＰＲ用映画のようにとらえられてしまうのではないか、というものです。たしかにそういう読み方をされてしまう恐れはあります。しかし映画をきちんと見れば、もっともっと複雑な現実が描かれています。僕が映画の最初の九五％が好きな点は、絶妙な両義性です。ビッグハウスのシステムには、非常に多くの批判すべき点があります。しかし同時に、あの学長のスピーチで発せられた数字には、ある種の力があります。実際、学長の前にスピーチをした黒人の男性が大学を卒業できたのは、おそらくは初老の白人男性たちが彼の学費を払ってくれたからなのです。

学長のスピーチで終える『威厳ある』エンディングによって想田さんが構築した観察的立ち位置の両義性は、ダイレクト・シネマ最良のものです。

現在のエンディングは、ダイレクト・シネマ最悪のものです。

そこで二つのバージョンを作るのはどうでしょうか。学長のスピーチで終わるバージョンと、反トランプデモで終わるバージョン。どちらが〝ディレクターズ・カット〟であるかは、問題ではありません。配給会社や映画祭には、どちらかを選んでもらうのです」

さらなる議論の応酬

これに対して、テリーからは次のような返信があった。

「なんて興味深い議論でしょう。二人ともありがとう。私もこのことについて、今日は一日中考えていました。マークの反応は、昨日の試写会後の私自身の頭の中にあった問題や葛藤を雄弁に語っていると思います。最終的には、二つのバージョンを作るというアイデアが正しいのかもしれません。成績をつけなくてはならないのに、気が散って仕方がありません。そうでなくても外があまりにも良い天気で気を散らされているというのに」

僕はみんなに対して、次のように返信した。

「お考えを聞かせてくれて、ありがとうございました。マークとジムがここで最も問題にしているのは、現実の〝歪曲〟の問題ではないかと思います。たしかに今のエンディングで、僕はデモ隊に文句をつける人ばかりを取り上げ、デモを支持する人たちを無視していたかもしれません。

そこでもう一度、反トランプデモの映像素材をすべて見直してみました。その結果、デモ隊に無言で賛意を示す人を四人見つけました。そのうちの二人はミシガン・カラーに身を包んでいるので、ミシガン・ファンであることは明らかです。彼らを見せるショットを三つ加えてみました。

これらが加わることで、シーンの印象も変わるような気がしています。以前よりも複雑な現実を映し出しています。すべてのアメフトファンがトランプ支持者なわけではない、ということを示しているのです。そしてそのことで、アメフトファンと『女性の行進』の人々はまったく別の人々だという誤解を回避することができると信じます。

ただしそうは言っても、素材を改めて見直して実感しました。ミシガンファンの大半は、デモ隊を完全に無視しているのです。きっと彼らはゲームを楽しみにきたからなのでしょう。あるいは、デモ隊と考えが同じだから、あえて声を上げようと思わなかっただけなのかもしれません。その理由はわかりません。しかしほとんどの人は何も言わなかったのです。僕は同様のことが選挙でも起きたのではないかという気がしています。トランプとその支持者は、声が大きくて卑劣です。しかし私たちの多くはとても静か。少なくとも相手陣営よりも静かです。もちろん私たちは今、猛烈な反撃を始めています。『女性の行進』はその好例です。しかし選挙前に私たちは同じ猛烈さを持って反撃したと言えるでしょうか？　僕にはわかりません。

また、マークの『ダイレクト・シネマは派手なものに頼る傾向がある』という議論には、反論をしておきます。これはダイレクト・シネマに固有の問題ではありません。むしろあらゆる表現形態に言えることでしょう。

あらゆるドキュメンタリーにとって、派手なものは『おあつらえ向き』です。いや、フィクション映画だってそうです。『スター・ウォーズ』は、なぜ小津やタルコフスキーの映画よりも観客動員を見込めるのでしょうか？　いずれにせよ、映画の作り手が二つのバージョン、とくに二つのエンディングを提示してしまうことは、少し無責任のように思います。それはなんとか避けたいです。マークとテリー、再編集したラストシーンをアップロードしておきますので、ご覧ください。二人がどう感じるか知りたいです」

するとジムからは、さらにメールの返信が届いた。

「私はあの日試合会場へ行きましたが、デモ隊は見かけませんでした。しかし映画で見た限り、あれほどダメなデモはありません。もし私が見かけていたとしたら、たぶん首を横に振って前を通り過ぎるだけだったでしょう。選挙から一一日しか経っていない中、彼らはビッグハウスの前に立っていったい何を成し遂げようとしたのでしょうか？　ファンの多くはまだショックから抜け切れておらず、意気消沈し、現実が信じられなかったのです。

デモが効果を持つためには、戦略や意義が必要です。全米で行われた『女性の行進』にはそれがありました。だから多くのアメフトファンはあの行進に参加しました。（略）

トランプですら、選挙に勝つとは思っていなかった。残念ながら、ヒラリーも同様です。選挙期間中に彼女がミシガンを訪れていたら、ミシガン州で負けることはなかったはずです。想定外のことは、みんなが想定しないからこそ起きるのです。（略）

ブライアン・デ・パルマはこう言いました。『物語というものは、二つの部分からなる。ラストとそれ以外だ』。あなたはどんなラストでも選べるはずです。私も二つのエンディングには反対です。今のエンディングが良いとは思わないからです。エンディングを再編集したとのことですから、それで解決するのかもしれませんが、想田さんのメールを読んだ限りでは、あまり期待できません。聴く耳を持ってくださってありがとうございます」

マークからの返信。

「ジム、フィードバックをありがとう。(略)現在のエンディングは、アメフトに関する次のようなステレオタイプを強化しています。

アメフトは男だけのものである。

アメフトは攻撃的で暴力的である。

アメフトは国粋主義的である。

アメフトは全体主義的である」

切るか切らぬか、それが問題だ

ジムの熱意は、ありがたく感じた。同時に、このままだと「観客によるフィードバック」の範囲を超えてしまうように感じた。「映画をどう終えるのか」という極めて重要な問題は、あくまでも作り手自身が決めるべきであろう。

そこで僕はジムを外して、次のようなメールをマークとテリーに送った。

「このメールからはジムを外しています。彼の意見はありがたいですし貴重ですが、この映画にとっては観客の一人にすぎません。彼の意見に少し影響を受けすぎているように感じます。それよりも僕は、学生たちがどう感じているかを知りたい。彼らの意見こそを聴く必要があるのではないでしょうか。彼らはこの映画の監督なのですから。

もし同意していただけるなら、この議論を学生たちと共有したいと思います。どう思います

か？（略）

映画の最後の七分間は、マークが言うように、トランプが触る物はすべて台無しになるということを正確に見せていると思います。しかしアメフトについてのステレオタイプを強化するとは思いません。代わりにそれは、人間がいかに卑劣で攻撃的になりうるのか、を見せています。また、表面的には団結しているようにみえても人々は分断されているのだ、ということを見せています。そして、アメフトやビッグハウスという美しい伝統ですらも、人間の最悪の部分を刺激することを心得た差別主義的デマゴーグ一人によって台無しにさせられるのだ、ということを見せています。最後の七分間が映画に何を付け加えるのか？　付け加えるものは大きいです。だからこそ昨日の観客は、最後の七分間ばかりを話題にしたのでしょう。

人類が福島原発事故から逃れられないように、僕はトランプから逃れる術を知りません。それは腹立たしいし不幸なことですが、興味深い現象でもあります。僕らの大切な映画も、今のところトランプから逃れられていません。

もちろん、映画だけなら逃れる術もあります。最後の七分間をカットするのです。僕の中には、そうしたいという欲求もあります。また、そうしてはならないと言う自分もいます。現時点では後者の自分の方が強いですが、別にあなた方を説得したいわけではありません。（略）僕自身も引き裂かれているのだと思います」

テリーからの返信。

「この問題については、試写からずっと考えてきました（実は最初のラフカットの試写のときからそうでした。あのときもエンディングについては意見を決めかねていた)。マークや想田さんがすでにおっしゃったように、エンディングを残すことにも、カットすることにも相応の理由があり、私は二つの議論の間で引き裂かれています。

ジムの意見は、多くの卒業生やアメフトファンの意見を代表するものでしょう。プラサードやクリス、ドーンなど、映画作家の同僚たちもジムと似たような反応でしたから、彼の意見は特殊なものではありません。

彼らの意見に降参するようには感じたくありません。もちろん人々には映画を気に入って欲しいし、気に入って欲しい切実な理由もあります。卒業生が好むかどうかは、映画の売れ行きにも関わってくるからです。とはいえ、そうした経済的な理由からプレッシャーに『降参』するのは不愉快です。これまで議論してきたように、私たちはミシガン大のアメフトを応援するために映画を作ったわけではないからです。究極的には、『今のエンディング抜きでも充分に政治的であり、アメフト応援映画にはならない』という考えに何度も立ち返ります。

想田さん、私はあなたの映画作家としての感性を心からリスペクトしていますし、この映画のためにあなたが行ったことに対して、感謝を充分に伝える言葉が見つかりません。いくつかショットを追加することで、ラストのシーンにバランスを与えようとしてくれたことにも感謝します。しかし、再編集された映像を見て感じたのは、追加されたショットによってもアンバランスさを修正しきれていない、ということです。おそらくマークが言うように、あのシーンは映画をどこか別の場所へ連れていってしまい、凌駕《りょうが》してしまう。あまりに重いので、どうしても映画のトーンを急転換させ、トランプに作品そのものがハイジャックされたような苦い後味を残すのだと思います。
私は今、シーンに出てきたトランプ支持者たちに対する、自分自身の個人的な反応について分析しようとしています。私はたぶん、彼らのことが心の底から嫌いなのだと思います。そのせいで映画のことまで嫌いになってしまう。そう考えると、試写のときの自分の反応にもうなずけます。今のエンディングは、(私を含む!)観客が望んでいる結論を奪い去るのだと思います。そして私たちが望む結論は、現実の世界でも得られていないのです。(略)
学生の意見を聴くのは良いアイデアだと思います。試写の後の議論で、いまだにエンディングが腑に落ちていない学生がいたのも確かです。今私が投票するなら、今のエンディングをカットして、コマ撮りの映像で終わることに一票を投じます」

「デモクラシーで行こう」


とうとうテリーまでが「カット」に回ったか……。

僕の衝撃は大きかった。これで本作の監督兼プロデューサーの間では、2対1で「カット」が優勢になったということである。

パソコンの前で呆然としていると、

「どうしたの?」

と規与子が聞いてきた。過去数時間のメールでの議論の顚末を伝えると、

「ええっ⁈　あのラスト、切っちゃだめだと思うよ！」

と目を丸くしていた。規与子が「残す派」であることは昨晩の反応からわかっていたが、そこまで強く残すべきだと考えているとは思わなかった。しかし規与子もジムと同様、今回は観客の一人にすぎない。やはりラストをどうするのか決めなくてはならないのは、作り手である。

そしてもし僕一人が監督であったならば、迷いながらも、ラストを残すことを決定していたのではないだろうか。そしてその決定に対する賞賛も罵倒も、すべて自分一人で甘受していたはずだ。芸術は民主主義ではないからである。

だが、今回は一七人が監督を務める、みんなの映画である。いわば「デモクラシーで行こう」と決めた作品だ。僕一人が無理やり押し切って良いはずがない。

いや、本気で押し切ろうとすれば、押し切ることも不可能ではないだろう。それこそトランプのごとく振る舞い、ゴネにゴネまくって権力闘争のようなことをすれば、望む結果を得られないこともないはずだ。

だが、そんなことをしてしまったら、まさに「トランプ的なるもの」に、僕自身だけでなく映画までもがハイジャックされることになる。それはエンディングがカットされることとは比べ物にならないほど、嫌なことではないか。

僕の腹はすでに固まっていた。

「こうなったら公明正大に、徹底的にデモクラシーで行こう」

そしてテリーとマークに提案のメールを出した。学生も交えて徹底的に議論をして、投票で決めよう、と。

「学生たちに議論を開く段階が来たと思います。みんなで議論した後、投票で決めませんか。どんな結果になっても、僕は受け入れます。学期末で忙しいときにみんなには申し訳ないけど、そういう機会が必要だと思います。学生たちには、よい勉強にもなるはずです」

投票するというアイデアに、マークもテリーも賛意を示してくれた。両人とも、どちらに転んでも投票の結果を受け入れるという。

僕は二人の民主的な態度、真面目さ、透明性、そして率直さに改めて感謝していた。こんなにも忌憚《きたん》なく意見を述べ合うことができる仲間になれるとは、ミシガンに来た時点では想像もしていなかったことである。

本当の友人ができた、という思いだ。

不思議なまでの清々しさ

さて、学生たちを交えた議論は、四月二〇日に行われた。

学期末なので、集まれたのは僕も含めて九人である。テリー、プラサード、ヴェサル、サリカ、ショーン、ジェイコブ、レイチェル。マークは出張中だったので、スカイプでの参加。

三つのショットを足した新バージョンをみんなで見てから、議論が始まった。

テリー「タバコを吸いながら酔っ払って絡んでくる男を見てると、とにかくイライラする。彼が言っていることには論理性がないし、使うとしても、もっと短くすべきだと思う」

レイチェル「たしかにイラつくだけで何も付け加えてない。私の母もあのシーンは長すぎるって言ってた」

マーク「でも想田さんには、あの場面について面白い解釈があるんだよね」

想田「うん、なんで僕があの場面をあんなに長く使ったかというと、トランプ支持者が人々を攻撃する際によく使うブルシット（「牛のフン」転じて「詭弁」の意）の典型例だと思ったから。だってタバコは政治的主張と関係ないでしょう。でもそれを使ってデモ隊に言いがかりをつける」

サリカ「たしかに。それは〝中東の女性はヘジャブを強制されるだろ〟と言って話をズラした別の男にも言えるね」

想田「そう。だから見ていて気持ちのいいものではない。でも、彼らがどんな人たちなのか、その性質を浮き彫りにしていると思うんだよね」

ジェイコブ「あの場面が強くて意味があることは、疑いようもないと思う。僕らが考えるべきなのは、あの場面で映画を締めるか否かということなんじゃないか。つまり映画のどこに置くかという問題」

レイチェル「私もそう思う。ラストに置くことで、この映画を代表する場面にしてしまっていいのかどうか。それが問題。女性の行進を入れるかどうかについても、私には疑問がある。だって女性の行進はスタジアムと全然関係ないじゃない？　じゃあなんでいま入れているのかといえば、その前のデモの部分があまりに惨めだから入れざるをえなかったわけだけど、そんな理由で入れるべきではないのでは」
ジェイコブ「少なくとも女性の行進を〝愛は勝つ〟というプラカードで締めるのはよくないと思う。あまりに甘ったるい」
プラサード「僕は最後の七分間をカットして、コマ撮りで終わるエンディングを支持する。その方が映画として美しいし、映画は一つのことについて表現するので充分でしょう。反トランプデモを入れると、突然、映画のテーマが変わってしまう」
想田「たしかに最後の七分はない方が、映画としては美しい。余韻も残る。でも僕は反トランプデモを付け加えることで、急に映画のテーマが変わるとは思わない。それまでの二時間と表面的には凄く違うように見えるかもしれないけれど、実は両者はつながっていて、ひとつのことだと思う。一二〇分の間で僕らは、社会に潜むある種の分断をさりげなく描いたわけだけど、そういう分断があるからこそ、トランピズムの隆盛を許してしまったわけでしょう。そういう意味で、僕は有機的だと思う」
マーク「僕は有機的だとは思わない。むしろ取って付けたようだと思う。一二〇分の間で、我々の社会の問題はすでに示されているでしょう。民主党内でサンダース派とヒラリー派が分断されていることや、中国系アメリカ人というマイノリティがトランプを支持していること、トランプ支持者のヒラリーに対する強い憎しみなどは、すべて示されている。つまり最後の場面などなくても、あらゆる問題は一二〇分の中で有機的に提示されていると思う」
ショーン「最後のシーンが付け加えているものがあるとすれば、それは政治的な議論ではなくて、人々から礼儀正しい〝仮面〟を剥《は》ぎ取ったということなんだと思う。普段人々はお行儀よく仮面を被ってスタジアムに集うわけだけど、仮面の下はああだったのか、という。しかもその仮面の下のものが、実際に政治を動かしてしまったわけでしょう。そういう意味では重要な場面だと思う」

サリカ「この映画の魅力は、社会に潜んでいる問題を非常にさりげなくシンプルに見せた点にあると思う。それに対して反トランプデモのシーンは、トランプ自身がそうであるように、もの凄く強烈でさりげなさがない。マークがメールで言っていたように、トランプが触るものはすべてダメになってしまう。私自身は、そういう現実を見せるべきだという気持ちと、トランプに映画まで支配させてはならないという気持ちの間で、揺れています」

ヴェサル「これはどれだけ観客を信頼するか、という問題なのではないか。最初の一二〇分でこの映画はさまざまな問題をさりげなく見せているわけだけど、最後の場面を付け加えることで、一種のダメ押しをしてしまう結果になる。『さりげなさすぎて皆さんにはわからなかったかもしれないけど、実はこの映画はこういうことが言いたかったんですよ』と、最後の最後になってはっきり告げるような感じがある。そしてそれが、それまでの一二〇分を台無しにしてしまうような気がする」

レイチェル「私は先日の試写で、観客たちが映画のさりげない問題提起にどれだけ気づいてくれたのか、ちょっと疑問がある。実際、『私たちのビッグハウスって素晴らしい！』って、もの凄くポジティブにとらえている人がいたし。私はあんまり『私たち凄い』的に受け取って

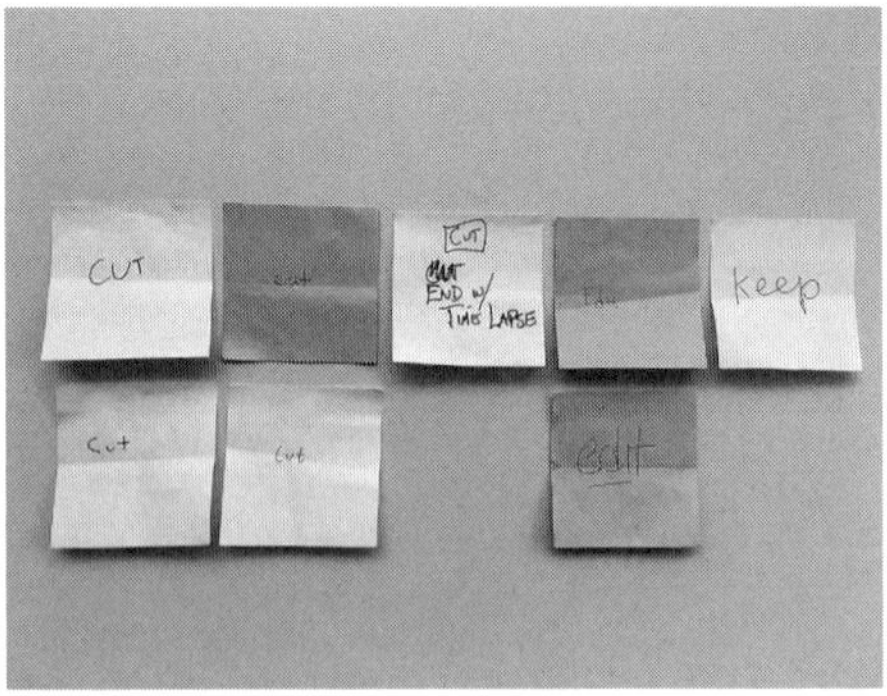

投票に使われたポストイット.

ほしくはないんだよね」

ヴェサル「でも、それはどっちにも読めるんじゃない？『私たち凄い』的に読む人もいるだろうけど、そうではない読み方も確実にできるでしょう」

ディスカッションは二時間以上にわたった。

そのうちに、同じ論点に戻る堂々巡りが始まった。議論が煮詰まり、いよいよ決を採るべきときがきたのである。

僕らは無記名で投票を行った。選択肢は、反トランプデモを「カット(cut)」するか、「再編集(edit)」するか、「残す(keep)」か、である。

その結果、反トランプデモのシーンは「カット」に決定した。

蓋を開けてみれば、「残す」に投票したのは僕だけである。「再編集」に二名、「カット」に六名。

僕からしてみれば「完敗」だ。

しかし僕の心は不思議なまでに清々しかった。

これは負け惜しみでもなんでもない。なぜこんなに清々しいのだろうと自問自答してみて、気づいたことがある。

まずはプロセスの透明性と妥当性である。これが誰かによって無理やり強制された投票であったら、わだかまりが残っていたであろう。

また、熟議の存在も大きかった。

「エンディングをどうするか」は、第一編の試写の時から数カ月にわたって議論を重ねてきたテーマである。その過程で、カットする理由についても、残す理由についても、議論が出尽くした感があった。僕自身、「なぜ残すべきか」ということについて語り尽くしてきたという思いがあるし、「なぜカットすべきか」という相手側の意見もきちんと聴いたし理解したという実感がある。

要は、僕らは意見を存分にぶつけ合って来た。それでもお互いがお互いを説得できないのなら、それはそれで仕方がないではないか。お互いがお互いの〝違い〟を尊重しあうのも、デモクラシーの重要な理念だ。そして議論が出尽くし、なおかつ考え方の違いが埋められぬ場合に威力を発揮するのが、「投票」という行為なのである。

映画『ザ・ビッグハウス』を共同で作ることを通して、期せずしてデモクラシーを実践し、その本質を勉強させてもらった。それがこの映画作りの重要なセレンディピティのひとつである。僕にはそんな気がしている。

こうして映画『ザ・ビッグハウス』は、一一九分の映画として完成した。

MICHIGAN

あとがき——視線に対する視線

マーク・ノーネス
（ミシガン大学映像芸術文化学科・アジア言語文化学科教授）

想田和弘は他人と瞬時に友達になるコツを摑んでいる、希有な人間の一人である。それは彼が作るあらゆる映画のあらゆる場面から感じられることだ。「観察」という言葉は距離や被写体の対象化さえも暗示するものだが、想田の映画は、この世に共に生きる人間たちとの出会いをカメラでとらえたものに他ならない。すべての場面には、被写体との何らかの関係性がみられる。その多くには親密性が刻印されている。実際、何度か短い時間会っただけの〝想田さん〟を、私は古くからの友人のように感じていた。そのため、日本研究センターを通じて映画作家を一年間ミシガン大学に呼ぶ機会が巡ってきたとき、すぐに想田さんの顔と、彼の芸術上の、そして人生のパートナーである柏木規与子の顔が浮かんだ。

偶然にも、あの年は「ダイレクト・シネマ」に関する複合的な授業を、映像芸術文化学科の同僚で映画作家のテリー・サリスとともに共同で教える準備が整いつつあった。日本の映画や美術の大学とは異なり、私たちの学科はリベラル・アーツの理念をとても重大にとらえている。学生には細かい専門やコースを用意しない。そして最も重要なのは、私たちが次のように考えていることだ。最良の映画作家は映画の歴史や理論を知っているし、最良の映画史家や理論家は映画を作れるはずだ、と。本書で想田は、そのことを証明する強力な例を数多く示している。興味深いことに、この本は教科書のようにも、教育学の本のようにも読める。

私たちの教育方法で典型的なのは、シチュエーション・コメディや実験映画、スケッチ・コメディ、ドキュメンタリーなどの科目を、アーティストと学者が共同で教える授業を用意することだ。私自身、短編ドキュメンタリーを作る授業を映画作家と共同で教えたことは何度もある。しかし今回テリーと私は、ダイレクト・シネマのスタイルで、一本の長編映画を共同で作ることを思いついた。しかもそうするのにおあつらえ向きの被写体が、たまたますぐそこにあったのだ。ミシガン大の有名なスタジアム、「ビッグハウス」である。

驚いたのは、大学体育部が私たちにほぼ全面的な撮影許可を与えてくれたことだ(おそらくは体育を大学のアカデミックな世界に統合し、教授陣との関係をスムーズにしたいという狙いがあったのであろう)。しかも想田が、私たちの授業に参加することを引き受けてくれた。学生たちは幸運にも三人の教授に、しかもその一人は世界的に知られるダイレクト・シネマの監督に教わることになったのだ。想田は授業に映画界での経験と、ダイレクト・シネマの歴史に関する深い知識をもたらしてくれた。学生たちは想田独特のアプローチについての注意深い解説——とくに『牡蠣工場』(二〇一五年)のオープニングの場面を、未編集の映像素材から完成版をどう構築していったのかについての解説などに魅了された。また、彼は自作のシーンを教室に持ち込み、映画作家がこの世界、いや、私たちの世界にカメラを向ける際に必ず生起する、倫理的問題の藪の中を案内してくれた。

予想した通り、教室での彼は思考を刺激する、思慮深い存在だった。同時に果てしなく楽しい人でもある。学生たちはすぐに、彼を昔からずっと知っている人のように感じた。

今回のプロジェクトは、想田さんの有名なマニフェスト(「十戒」)からはかなり逸脱する部分があった。彼のメソッドではリサーチは禁じられているが、今回はそのルールを厳格に守ることは難しかった。なぜならスタジアムの地下やバックルームへの撮影許可を得る必要があったから。また、ビッグハウスの舞台裏で実際に何が行われているか誰も知らなかった上に、試合日にカメラを回せるチャンスは二、三回に限られていたため、ある程度プランを立てる必要があったから。それに広大なスタジアムのすべてをカバーするには、監督たちの間で責任を分担する必要もあったから。にもかかわらず、私たちはビッグハウスで出会うであろうテーマを予測することはできた——人種、階級、ナショナリズム、キャピタリズム、宗教、デモクラシー、ミリタリズム、そしてスポーツと教育とお金の問題の絡み合いなどである。しかし、それらがいつどのようにカメラの前で顕在化するかについては、まったくの偶然と発見に委ねられていた。

映画の形式がどのようになるのかについても、最初から謎だった。撮影の後、各人がそれぞれの場面を編集し、一人ひとりの学生が「注釈付き構成台本」の課題を通じて映画の全体的な構造を考え出さなければならなかった。テリーと想田さんと私は、集まった構成台本の中からレイチェル・カーによる台本を選択し、無数の場面を一本の映画にまとめるためのガイドとした。学期末に想田さんが一本化の作業を行い、私はピザを山ほど注文した。そしてみんなで試写をした。誰もが驚いていた。なぜならそれは、一本の映画になっていたからだ！　試写室の電灯が落ちるまで、私たちは学期末にどんな結果が待っているのか、予想もできなかった。しかし成果は上々だったのだ。

だが、それは三時間を超える粗い編集であり、あまりに長すぎた。想田の魔法が効果を発揮したのは、ここからだ。「このプロジェクトの過程で何を発見したか」と問われて一つだけ挙げるならば、それは想田和弘が卓越した有能な編集者だということである。

それは、私が撮った場面の編集作業を通じて、学期のはじめに薄々感づいたことではあった。私は写真撮影、とくに建築物や風景を撮るのが好きである。そのため、このプロジェクトでは朝日が昇る空っぽのスタジアムを撮ることを選択した。長いテイクを使う長い映画(例えば侯《ホウ・シャオシェン》 孝 賢や王兵《ワン・ビン》など)が好きな私だから、できたシークエンスはゆっくりとしていて、静寂さえ感じられるものだった。授業の中で学生たちがその場面を批評する際(そう、学生たちは教師の批評も行う)、人々が到着する前のスタジアムの澄んだ美しさを指摘する声を聞いて嬉しかったし、その静寂が火災報知器のテストによって突然破られるのも気に入っていた。

しかし問題は、場面が一三分もあったことである。そのペースでいくならば、映画全体は六時間くらいになってしまいかねない。だが、それを妥当な長さに刈り込むのは私には至難の技であり、八分に縮めるのがやっとだった。困った私は想田さんにこう言った。「これ以上縮めるのは無理だと思う。いろいろ試してみたけれど」。すると彼はあの笑顔で「ちょっとやってみるね」と言い、編集を始めた。その一〇分後、場面は三分間に縮まっていた。私は驚愕《きょうがく》した。

想田さんはその後、映画全体の編集を執り行う仕事に着手した。そう、彼の魔法を記述する際には、「執り行う(performing)」という言葉がぴったりだ。彼は一九一分あった第一編を、ここで一分間、そこで数秒という具合に刈り込んでいくことで、現在の一一九分の長さにした(私の場面は今では七〇秒しかない)。正直言って、第一編を思い出してみても、彼があの第一編からどこをどうカットしたのか、私にはわからない。なぜなら同じ映画にしか思えないから。これはまさに魔法のような編集だ。

完成した映画は、ダイレクト・シネマのドキュメンタリーとしては、とても斬新なものになった。このスタイルの映画はたいてい、二種類の構造のいずれかを採る。一つはカリスマ的な個人に焦点を当てる構造で、ボブ・ディランについてのドキュメンタリー『ドント・ルック・バック』(一九六七年)はその好例である。もう一つの戦略は、ワクワクするようなクライマックスへと入念に導く危機的構造を用いる手だ。その好例は、ハンフリーとケネディのウィスコンシン州予備選挙を描いた、世界で最初のダイレクト・シネマ作品『大統領予備選挙(プライマリー)』(一九六〇年)である。興味深いことに、想田の『選挙』(二〇〇七年)は、両方のアプローチを用いている。

それとは対照的に、『ザ・ビッグハウス』の主人公は一〇万人のファンやスタッフである。映画全体を通して何度も登場するキャラクターはいない。しかも本作は、クライマックスを伴う危機の構造ではなく、試合のサイクルや季節、人々の生活によって構成されている。

先週私も出席したばかりのベルリン批評家週間での上映では、この構造に困惑を示す観客もいた。ワイマール共和国の末期、ジークフリート・クラカウアーが「群衆による装飾(mass ornament)」と呼んだように、大観衆の様子を壮観に見せることに対する疑念をドイツ人が抱くのは、理解できることである。クラカウアーは、工場の組み立てラインから新しい形式のレジャーまで、近代的労働者に起きた日常生活の変化が、人々を「うっとりした集団」に組織化することを憂慮した。その一〇年後の一九三六年、レニ・リーフェンシュタールが『意志の勝利』(一九三五年)を撮った翌年、彼はこのように書いている。「群衆は自分たちを凝視することを強いられている(大集会、大規模デモ)。群衆は常に自分たちの姿を見ることになるし、しかもその姿はしばしば、見ていてうっとりするような装飾や、感情を動かす映像として目の前に立ち現れる。群れることの意味づけが強調されることによって、そこから打ち出されるあらゆる神話的な力が、長期間維持される。それで多くの人々は群衆の中にいることで、あたかも実力以上の力を得たように感じるのだ」。彼が危惧していたのは、人々が超越的な体験をすることで群衆による装飾に意味を見出し、自ら個別性を捨て去り大衆扇動の餌食となろうとすることだ。『ザ・ビッグハウス』のワールドプレミア上映の後、批評家のエレナ・マイリックは、本作が(大衆扇動と)「共犯」関係にあるとの懸念を示した。そのとき彼女は遠慮して言わなかったのだろうが、マイリックの念頭にトランプの差別的な人種的ナショナリズムがあったことは間違いない。

マイリックはまた、『ザ・ビッグハウス』を「インダイレクト・シネマ(間接的シネマ)」とも呼んだ。それは鋭い観察であり、本作の政治性を読み解く鍵であり、私たちが壮観さをもって描いた群衆による装飾におけるパラドクスや日々の抵抗を認識するための道である。この間接性は、本作の弱みであると同時に、強みでもあるといえるだろう。

まず、音楽やナレーションといった映画の重要な道具立てを捨て去ることによって、ダイレクト・シネマは観客に能動的に観ることを要求する。例えば、ビッグハウスの内外で繰り広げられる群衆による装飾に恐怖を感じつつも、注意深い観客は群衆の中にも際立つ個人が存在することに気づかされるであろう。最もパワフルかつ不穏に見えうる場面といえば、一〇万人が国旗に向かって起立する様子をパンで映し出した、合衆国国歌の斉唱である。しかしよく見ると、多くの人は歌っていない。歌ったり手を胸に当てたりすることを、拒絶している人も多い。ある人は手を握りしめ、あるいはポケットに手を入れ、コーヒーを手に持っていたりする。忠義深い顔もあれば、退屈や苛立ちを表す顔もある。本作では神の声のごときナレーションが指摘するわけではないが、そうした事実は注意深い観客の目の前に示されているのである。

それに、『ザ・ビッグハウス』は一七人の個性が一〇万人の集団を眺めた記録である。よく観ると場面によって相当に違いがあり、各人がそれぞれの興味と関心によって撮影や編集を行ったことがわかるであろう。想田さんがこの映画の美学をいみじくも「キュービズム」と呼んだゆえんである。

間接的シネマの政治性は、主に作り手が何を選択するかによって露わになる。私たちが下した一番重大な決断は、一〇万人の主な関心事に対して背を向けることであった。「間接的なダイレクト・シネマ」の「穏やかな強制力」を用いて試合以外にカメラを向けることで、私たちは映画の観客たちの視線を、彼らがそれまで考えもしなかった景色へと導いた。実際、この映画は、試合日に誰もが目にする表舞台から始まり、スタジアムとそのエコシステムの裏に隠され、普通は立ち入ることのできない予期せぬ領域へと徐々に入り込んでいく。

「間接的」映画作家たちの視点や政治的スタンスは、とりわけ編集に示される。この段階で私たちは、コントラストやパラドクス、そしてアイロニーを駆使した想田さんの編集の素晴らしさを見出すことになる。ほとんどすべての場面に、巧みな選択が一つか二つは盛り込まれている。映画の中で私が最も好きな部分といえば、年俸九億九〇〇〇万円を稼ぐ監督がテレビ向けの決まり文句を発する場面から、スタジアムの奥深くにある腸のごとき場所で黒人女性が皿洗いをしている場面へとつながるカットである。あるいは、嘔吐物にまみれたファンから、サメのごとくスタジアムを周遊する〝トランプ山車〟へのティルト(カメラを垂直方向に振ること)である。ダイレクト・シネマの映画作家が行うすべての選択は、視線に対する視線への間接的な招待状なのである。

実をいうとダイレクト・シネマは、最近では時代遅れのものとみなされている。ダイレクト・シネマに名誉と重要性を付与している唯一の映画文化といえば、中国のインディペンデント映画の世界である。そこでは王兵（『鉄西区』、二〇〇三年）や叢峰《ツォン・フォン》（『馬先生の診療所』、二〇〇八年）などの映画作家たちが、ダイレクト・シネマの間接性に政治的な安全地帯を見出し、同時に国営メディアとの明確な違いを打ち出している。中国以外では、ダイレクト・シネマの最も熱心な実践者はそのパイオニアたち――フレデリック・ワイズマン（『DV　ドメスティック・バイオレンス』、二〇〇一年）やD・A・ペネベイカー&クリス・ヘッジダス（『クリントンを大統領にした男』、一九九三年）など、私たちが授業の中でも歴史上の要素として取り上げた映画作家たちである。とはいえ、彼らはマイケル・ムーアや「ザ・デイリー・ショー」などの強烈で分析的なコメディが支配する政治映画の分野では、マイノリティなのである。

しかしムーアらのドキュメンタリーは、恐ろしく二極化したこの政治的世界の中で、党派性の強い人々のために作られたものだ。デモなどに焦点を当てた、昔ながらの闘争的なドキュメンタリーは、最近のSEALDsや反原発運動についての映画の監督たちが発見したように、現代の観客にとっては単調すぎる。一九六八年にルーツを持つこうしたスタイルは、もはやうまくいかないのだ。同じようにテレビ用の月並みなドキュメンタリーも、情報を手取り足取り与えることや、この驚くべき世界をあたかも知り尽くしたかのようなスタイルのせいで、観客の疑念や無関心に晒されている。一方、オルタナティブな個人的ドキュメンタリーは、政治的参画や社会的体験から、あまりにも遮断されすぎている。

体験――。

私が直感的に思うに、今や「体験」こそが、社会にコミットした進歩的なドキュメンタリーを作る上での鍵である。私はクラカウアーの同僚であったヴァルター・ベンヤミンが一九三八年に書き記した言葉を思い出す。「体験はその価値を下げてしまった。しかもこの下落には、底がないようだ。新聞を見るたびに、体験の底値が更新されている。外的世界だけでなく倫理的世界のイメージまでが一夜にして、過去にはありえなかったほどの変化を被ってしまったのだ」。

ベンヤミンの言葉は、トランプのアメリカや安倍の日本にも当てはまる。この状況下、想田和弘の「観察映画」の自己制御的な選択は、魅力的なものにみえる。それはおそらく、解毒剤なのだと思う。そこには、ワイズマンや王など、ダイレクト・シネマの旗手には残念ながらみられない情熱や慈愛がある。想田の映画は「間接的」かもしれないが、逆説的なことに最も深く根源的な意味で、個人的なものでもある。党派的な憎しみやフェイクニュースが蔓延する世界において、彼の映画は私たちすべてのための政治映画である。なぜなら彼の被写体との穏やかな関わり合いは、私たちがこの世界、いや、私たちの世界と改めて触れ合い、有意義な体験をすることを助けてくれるからだ。

二〇一八年二月一四日、東京にて

（訳＝想田和弘）

想田和弘

1970年栃木県足利市生まれ．映画作家．東京大学文学部卒業後に渡米，ニューヨークのスクール・オブ・ビジュアル・アーツ映画学科を卒業．93年からニューヨーク在住．NHKなどのドキュメンタリー番組を40本以上手がけたのち，台本・ナレーション・BGM等を排した，自ら「観察映画」と呼ぶドキュメンタリーの方法を提唱・実践．監督作品に『選挙』(2007)，『精神』(08)，『Peace』(10)，『演劇1』(12)，『演劇2』(12)，『選挙2』(13)，『牡蠣工場』(15)，『港町』(18)があり，国際映画祭などでの受賞多数．著書に『精神病とモザイク——タブーの世界にカメラを向ける』(中央法規出版)，『なぜ僕はドキュメンタリーを撮るのか』(講談社現代新書)，『演劇VS.映画——ドキュメンタリーは「虚構」を映せるか』(岩波書店)，『日本人は民主主義を捨てたがっているのか？』(岩波ブックレット)，『熱狂なきファシズム——ニッポンの無関心を観察する』(河出書房新社)，『カメラを持て、町へ出よう——「観察映画」論』(集英社インターナショナル)，『観察する男——映画を一本撮るときに，監督が考えること』(ミシマ社)，『観察——「生きる」という謎を解く鍵』(共著，サンガ)など．

THE BIG HOUSE　アメリカを撮る

2018年5月30日　第1刷発行

著　者　想田《そうだ》和弘《かずひろ》

発行者　岡本　厚

発行所　株式会社　岩波書店
〒101-8002 東京都千代田区一ツ橋2-5-5
電話案内 03-5210-4000
http://www.iwanami.co.jp/

印刷・精興社　製本・中永製本

ISBN 978-4-00-061270-8　Printed in Japan